KB272294

몸이 먼저다

한근태 지음

미래의창

몸을 바꾸면 길이 보인다

나의 일상은 심플하다. 새벽에 일어나 대여섯 시간 글을 쓴다. 고도의 집중력이 필요한 일이라 그 이상은 힘들다. 그다음, 오전 10시쯤 슬슬 동네 헬스장에 가서 운동을 한다. 유산소운동과 근육운동을 번갈아 가며 하는데 근육운동에 더 많은 시간을 할애한다. 보통 일주일에 서너 번 한다. 무리하지 않게 한 시간 미만으로 한다. 샤워를 하고 밖을 나서면 온 세상이 내 것처럼 보인다. 세상에 부러울 것이 없다. 운동 전과 운동 후, 세상이 이렇게 달라 보일 수 있다는 사실이 신기할 정도다.

강의가 있는 날은 강의에 맞춰 스케줄을 조정한다. 오전에 강의가 있으면 오후에 운동을 한다. 오후 일정이 없는 경우는 혼자 영화도 보고 산책도 하고 집에 와서 책도 본다. 저녁 약속은 부득이한 경우가 아니면 거의 잡지 않는다. 저녁 약속을 하면 술도 마셔야 하고, 많이 먹게 되고, 무엇보다 에너지 소비가 크기 때문이다. 리듬이 깨져 잠을 푹 자지 못한다. 새벽에 일어나 일을 해야 하는데 지장이 있어 가능한 한 피하려고 한다.

지난 2년간 내가 해온 일 중 가장 잘한 것을 들라면 바로 운동을 시작한 일이다. 새벽에 일어난 지는 10년이 넘었지만 운동을 본격적으로 시작한 지는 2년쯤 됐다. 오십견 때문에 할 수 없이 시작했지만 난 이내 운동을 좋아하게 됐고 계속하다 보니 운동이 습관이 되었다. 이전에도 운동이 좋다는 걸 알고, 시도는 여러 번 했다. 하지만 번번이 실패했다. 하다 말다를 반복했다. 재미도 없고 힘이 들었다. 런닝머신을 지루하게 걷다 보면 '건강해지겠다고 별짓을 다 하는구나'라는 자괴감이 들 때도 많았다. 하지만 이번에는 성공했다. 혼자 생각해 보았다. 지금껏 운동 습관을 들이는 데 실패하다가 이번에는 성공한 이유가 뭐였을까? 몇 가지를 생각해 봤다.

첫째, 제대로 된 코치를 만났기 때문이다. 난 서래마을에 있는 '짐마일로'란 헬스장에서 이기원 코치를 만났다. 젊고 활달한 사람인데 몸과 운동에 대한 지식을 많이 갖고 있었다. 덕분에 제대로 된 운동을 할 수 있었고 운동에 취미를 붙일 수 있었다. 이런 걸 보면 선생을 잘 만나는 것은 참으로 중요한 일이다.

둘째, 몸에 관한 지식이 뒷받침되었고 이것을 습관으로 연결시켰기 때문이다. 예전에는 무조건 뛰고 걸었다. 몸에 좋다는 것은 그때그때 먹고 마셨다. 왜 좋은지, 어떻게 해야 효과적인지는 잘 몰랐다. 그러다 보니 지루하고 재미없었다. 그러다가 한 번 리듬이 깨지면 돌아오질 못했다. 하지만 이번에는 달랐다. 운동과 몸에 관해 제대로 공부하고 싶었다. 호기심이 생겼다. 코치의 말이 자극이 되었고 관련 책을 사서 읽으며 공부도 많이 했다. 알면 보이고 보이면 사랑하게 된다는 유홍준 교수의 말이 진리임을 다시금 깨닫게 되었다. 사람들이 자기 몸을 못마땅해하면서도 바꾸지 못하는 이유는 공부를 하지 않기 때문이다. 몸에 대해 무지하기 때문에 결심을 지탱할 힘이 없는 것이다.

셋째, 변화를 실감할 수 있었기 때문이다. 난 오십견으로 몇 달 고생을 하다 헬스장을 찾았다. 어깨가 아파 상체 운동을 하기 힘든 상태였다. 코치는 오십견의 원인은 운동 부족이라며 몇 가지 운동을 권했다. 한 번도 해보지 않은 어색한 동작이었다. 과연 이게 운동이 될까 의구심도 들었다. 그런데 몇 주가 지나자 놀랍게도 어깨가 나아지는 걸 느낄 수 있었다. 그렇게 침을 맞아도 낫지 않던 오십견이 나은 것이다. 참 신기했다. 이를 계기로 운동에 더욱 박차를 가했다. 이번에는 체지방이 빠지면서 허리가 줄기 시작했고 몸매가 달라지기 시작했다. 안색도 좋아졌다. 처음에는 나만 느꼈는데 나중에는 사람들이 알아보고 자꾸 물었다. "무슨 일 있어요? 날씬해졌어요. 얼굴이 작아진 것 같아요. 건강해 보여요……" 등등.

변화하지 못하는 이유 중 하나는 변화를 느끼지 못하기 때문이다. 내가 변화에 성공한 이유는 단순하다. 단기간에 내 자신이 느끼고 주변 사람들이 느꼈기 때문이다. 그런 변화를 통해 자신감을 얻었기 때문이다.

이 책은 지난 2년간 내가 운동과 섭생을 통해 몸을 바꾼 이야기를 담은 일종의 보고서이다. 운동을 통해 많은 것을 얻었고 깨닫는 것도 많았다. 평생 나를 떠나지 않을 줄 알았던 뱃살과도 이별을 했다. 몸매에 대한 원망과도 헤어졌다. 머리가 맑아지고 생산성이 올라가고 건강해졌다. 얼마 안 있으면 환갑을 맞이하는 친구들에게 이 책을 바치고 싶다. 내 친구들이 건강해지길 바라면서 이 글을 쓴다.

한근태

1

몸을 먼저
챙겨야 하는 이유

운동으로
열리는
새로운 세상

사람들 앞에 서는 직업을 가진 나는 나름 자기관리를 열심히 하는 편이다. 몸에 좋은 것은 가능한 하고, 몸에 해로운 것은 안 한다. 적게 먹고, 많이 걷고, 주기적으로 등산도 하고, 웨이트(웨이트 트레이닝)도 해봤다. 담배는 오래전에 끊었으며, 술도 자제하고, 몸에 좋다는 것은 찾아서 열심히 실천하는 등등. 그래서 아내로부터 "당신은 몸에 좋다는 얘기를 듣는 순간부터 그것을 자동으로 좋아하게 되는 사람이다"라는 놀림을 받기도 한다. 이런 노력 덕분에 비교적 건강한 편이다. 대사증후군도 없고, 당뇨나 고지혈증도 없으며, 혈압이 약간 높긴 하지만 정상 수준이다. 비타민 외에는 특별히 먹는 약도 없다.

하지만 나이가 들면서 오는 문제로부터는 자유롭지 못했다. 어느 순간 왼쪽 무릎이 시큰거리기 시작했다. 계단을 오를 때마다 무릎에 신경이 쓰였다. 좋아하던 등산도 할 수 없었다. 2012년 초에는 오십견이 왔다. 어느 날부터 오른쪽 어깨가 불편했다. 그쪽 방향으론 누울 수도 없고, 옷을 갑아 입을 때도 힘들었다. 오른팔이 뒤로 돌아가지도 않고, 물건을 들 수도 없었다. 택시를 잡을 때도 왼손을 들어야만 했다. 여간 불편한 게 아니었다. 무릎 때문에 병원을 갔더니 퇴행성이라는 진단과 함께 무릎 주변 근육을 키우기 위한 운동을 한 가지 알려 주었다. 그 외엔 별다른 방법이 없고, 더 나빠지면 그때 다시 오란다. 무릎은 그런대로 참을 만한데 어깨는 가만 놔둘 수가 없었다. 우선 동네 한의원을 몇 달 다녔다. 한약도 먹고, 침도 맞고, 마사지도 받았다. 조금 나아지긴 했지만 별 소용이 없었다. 그래서 양의원에 갔다. 엑스레이를 찍어 보더니 오십견이 확실하단다. 심각한 건 아니니 다음에 와서 무슨 관절 주사를 맞자고 한다. 그래서 몇 주 후에 맞기로 예약을 하고 왔다.

　며칠 후 대학교수인 처남이 집에 놀러 왔다. 키가 크고 인물도 좋았지만 살이 많이 쪄 배가 남산만 한 사람이었다. 장모님이 잔소리하고, 마누라가 들볶고 해도 꿈쩍하지 않을 정도로 고집도 셌다. 오죽하면 우리 딸들이 자기들 결혼식에 올 거면 뱃살을 빼고 오든지, 그렇지 않으면 오지 말라고 준엄한 경고(?)까지 했다. 그런데 오랜만에 만났는데 날씬해진 거다. 깜짝 놀라 어떻게 된 거냐고 물었다. 요즘 전문 트레이너한테 웨이트를 배우면서 열심히 운동을 하고 있다는 거다. 웨이트의 광팬이 되어 있었다. 그의 말을 정리하자면 대충 이렇다.

"요즘 살맛이 나요. 운동이 정말 재미있어요. 제가 그동안 몸에 대해 너무 무지했고 몸을 함부로 다뤘더라고요. 그 결과 비만이 됐지요. 요즘 몸에 대해 새롭게 공부하고 있습니다. 몸이 어떻게 되어 있고, 무얼 먹으면 살이 찌고, 어떤 운동을 해야 건강에 좋은지 깨달으면서 새로운 세상이 열리는 것 같아요. 내년에 미국으로 안식년을 가는데 아예 트레이너 자격증을 따오려고요."

그동안 운동과는 담을 쌓고 살던 사람이 운동에 대해 그 정도의 재미를 붙였다는 게 신기했다. 넉 달이 되어가는 시점에 처남은 벌써 배에 식스팩이 나와 학교에서 '몸짱교수' 소리를 듣고 있다.

자극을 받은 우리 부부는 그 트레이너한테 코칭을 받기 시작했다. 그날 이후 나 역시 헬스하는 재미에 푹 빠졌다. 매일 아침 아내와 함께 그곳에서 한 시간 정도 운동을 한다. 3개월이 지나자 몸이 몰라보게 달라졌다. 몸무게는 2~3kg밖에 안 줄었지만 구성이 달라졌다. 체지방은 줄고, 근육이 늘었다. 허리가 줄어 바지와 혁대를 줄이는 중이다. 이제는 약간 타이트한 옷을 입어도 제법 맵시가 난다. 혈압이 약간 높았는데 110에 70으로 완전 정상이 되었다. 매일 아침 운동을 끝내고 돌아올 때는 정말 행복하다. 힘든 운동을 마치고 샤워를 한 후 집에 올 때는 세상을 다 얻은 기분이다. 무엇이든 할 수 있을 것 같은 자신감은 덤이다.

예전에는 되는 대로 운동을 했다. 그러니 효과가 적었다. 더군다나 재미도 없어 하다 말다를 반복했다. 요즘은 코치로부터 몸에 대해 배우면서 운동을 하니 재미가 있다. 적은 투자로도 몸의 변화를 느낄 수 있다. 내 몸은 내가 제일 잘 안다. 나에게 운동의 목적은 살 빼기가 아니다. 달라지는 외모도 아니다. 지금은 운동 그 자체가 좋다. 운동을 하면 행복하다. 몸이 달라지면서 정신도 달라지는 걸 느낀다. 몸이 하는 소리를 들어야 한다. 정신보다 몸이 먼저다. 여러분의 현재 몸 상태는 어떤가?

제발
몸에 관심을
가져라

몇 년 전부터 유학시절 동문들과 터키로 여행을 가기로 하고 돈을 모아 왔다. 그런데 당일 예상치 못한 일로 여행을 가지 못했다. 자초지종은 이렇다. 그날 저녁 비행기라 아내와 점심을 먹고 엄청 긴장되는 액션물을 봤는데 그게 사단이었다. 그렇지 않아도 평소 잘 체하는 아내가 탈이 난 것이다. 소화제를 사먹고 집에 왔는데 계속 컨디션이 별로였다.

그날은 비가 오는 금요일이라 길이 많이 막혔다. 오랜 시간 기다리다 공항버스를 탔는데 버스를 탄 후 급격히 상태가 악화됐다. 얼굴은 창백해지고 계속 배를 움켜쥐고 있었다. 순간적으로 안 되겠다는 판단을 한 나는 아내를 데리고 버스에서 내렸다. 비는 오지, 짐은 많지, 아내는 아프지, 택시는 안 잡히지…… 정말 보통 일이 아니었다. 할 수 없이 서 있는 자가용 문을 두들겨 가까운 병원까지 데려다 달라고 사정했다. 딱해 보였던지 그분은 우리 부부를 동네 병원까지 데려다 주었다. 하지만 내려 보니 그 병원은 문을 내린 상태였고, 우리는 또 한 번 택시를 잡아타고 다른 병원으로 가까스로 옮겼다.

진통제를 맞는 등 한바탕 난리를 친 후 시계를 보니 지금이라도 가면 될 것 같긴 했다. 하지만 장거리 비행에서 다시 아프면 정말 대책이 없을 것 같아 포기했다. 공항버스를 기다리는 시간부터 응급으로 병원까지 오는 시간은 지금도 떠올리고 싶지 않은 기억으로 남아 있다. 그때에 누군가 날 봤다면 아마 미친 사람으로 생각했을 거다.

이 사건을 거치면서 난 더욱 몸의 중요성을 깨달았다. 수년간 계획했던 멋진 일도 몸이 아프니 도로아미타불이 되었다. 우리가 몸을 지키지 못하면 지금 버는 돈, 미래의 찬란한 계획은 말짱 헛일이다. 돈도 그렇다. 사람들은 건강을 희생하면서 돈을 벌려고 한다. 일을 하려면 어쩔 수 없이 술을 마셔야 한다는 소리도 한다. 잘 나갈 때 바짝 벌어 놓아야 한다는 이야기도 들린다. 그렇게 돈 벌어서 무엇을 할 건가? 아마도 무너진 건강을 되찾기 위해 번 돈을 다 쓰게 될지도 모를 일이다. 많이 번 돈으로 6인실 대신 1인실에 누울 수 있는 게 유일한 호사일지도 모른다.

《그만둬도 괜찮아》의 저자 유재경은 그런 과정을 성공적으로 깨달은 사람이다. 그녀는 회사생활과 육아를 성공적으로 병행했던 수퍼맘이다. 하지만 어느 순간 몸이 무너졌고, 어쩔 수 없이 회사를 그만 둘 수밖에 없었다. 그렇게 1년 반 동안 안식년을 가진 후 다시 몸을 만들어 성공적으로 다른 일을 찾는다. 그녀는 몸에 대해 이런 주장을 한다.

"예전에는 호랑이 굴에 잡혀 가도 정신만 똑바로 차리면 살수 있다고 생각했다. 하지만 아무리 정신을 똑바로 차려도 팔다리를 움직일 수 없다면 어떻게 호랑이 굴에서 빠져 나오겠는가? 몸이 약해지면 정신도 무너져 내린다. 몸이 아프자 정신이 더 아팠다. 몸과 정신은 하나라고 해도 과언이 아니다. 나는 이제 정신의 힘보다 육체의 힘을 더 믿는다. 정신은 육체라는 큰 덩어리를 끌고 가기에는 역부족이다. 먼 길을 가려면 생각이 많은 기수보다 느리지만 우직한 코끼리가 필요하다. 육체의 컨디션이 좋지 않으면 하려는 일을 할 수 없다. 머리가 깨닫지 못한 사실을 몸을 통해 깨달을 수 있다. 정신력만 있다고 되는 게 아니다. 사실 체력이 더 중요하다. 난 예전에 내 몸에 대해 관심이 없었다. 식사도 대충 때우는 식이었다. 내 몸에 관심을 가지면서 많은 것이 변했다. 잘 쉬고, 잘 자고, 잘 먹는다. 몸이 하는 소리를 들으려 애를 쓴다. 몸이 좋아지면서 많은 것들이 좋아지는 걸 느낀다."

몸이 말을 안 들으면 호랑이 굴에서 바짝 정신을 차리더라도 소용없다는 대목이 마음에 콱 와서 닿았다. 몸이 먼저라는 얘기다. 인류를 사랑하는가? 국가와 사회를 사랑하는가? 이웃을 사랑하는가? 그런 거창한 얘기도 자기 몸이 성할 때 할 수 있다. 아니, 그런 거창한 얘기를 하기 전에 먼저 자기 몸을 사랑해야 한다. 자기 몸 하나 제대로 건사하지 못하는 사람이 그런 거창한 얘기를 하는 것은 웃기는 일이다. 내 몸을 사랑하기 위해서는 내 몸에 관심과 애정을 가져야 한다. 몸이 하는 소리를 들어야 한다.

몸을 사랑하는가? 몸이 나에게 하는 소리를 듣는가? 혹시 말로는 사랑한다면서 매일 밤 몸에다 폭탄주를 붓고 줄 담배 연기를 집어넣고 있는 건 아닌가? 몸이 먼저다. 몸이 무너지면 정신도 무너지고 다른 것도 따라 무너진다. 몸을 지키기 위해서는 우선 자기 몸에 관심을 가져야 한다.

몸이
당신을
말해준다

얼마 전 한 중견기업 2세를 만났다. 40대 중반쯤 된 사람이다. 눈이 부셨다. 인물도 좋은데다 평소 관리까지 잘했다. 그의 말이다.

"애가 셋입니다. 회사 일에, 가정 일에 시달리다 보니 어느 날 몸과 마음이 피폐해지는 것 같더군요. 체력도 떨어지기 시작했어요. 뭔가 변화가 필요했지요. 운동을 시작했습니다. 매일 새벽 네 시에 일어나 동네를 조깅합니다. 주기적으로 근력 운동도 합니다. 제게는 그 시간이 정말 소중합니다. 운동을 하면서 어제 일을 반성하고 오늘 일을 계획합니다. 몸이 상쾌하니 일의 효율도 오릅니다. 사람들에게도 친절해집니다. 술을 좋아했는데 자연히 술 마시는 횟수도 줄더군요. 술을 마시면 새벽에 일어나는 게 힘들거든요. 음식도 가려 먹게 됩니다."

두 시간 함께 밥을 먹은 게 만남의 전부다. 그 사람이 얼마나 경영을 잘 하는지, 생각이 어떤지도 잘 모른다. 하지만 미루어

짐작할 수 있다. 자신을 그 정도 관리할 수 있는 사람이면 일정한 경지에 올랐다고 보아야 한다.

반대의 경우도 있다. 어떤 정치 지망생들에게 강의를 한 적이 있다. 지금은 국회의원이 아니지만 앞으로 국회의원이 되고 싶어 하는 사람들이다. 별로 내키지 않았지만 지인의 부탁으로 그들을 만났다. 우선, 시간 약속을 지키지 않았다. 약속 시간보다 30분 뒤에야 강의를 시작했다. 한번 훑어보니 비만이 압도적으로 많았다. 얼굴색도 칙칙하고, 대부분 눈도 충혈된 상태였다. 술 냄새를 풍기는 사람도 있고 대부분 담배를 피워 댔다. 방안은 금세 이상한 냄새로 가득 찼다. 입성(옷차림)도 궁색해 보였다. 다들 자기관리와는 거리가 멀었다. 정치하려는 이유를 물었더니 이 썩어빠진 세상을 확 바꾸고 싶기 때문이란다. 속으로 생각했다. '누가 누구를 바꿔. 당신들 관리나 잘 하세요.' 이렇게 자기 관리가 안 되는 사람들이 무슨 세상을 바꾸나. 정말 소가 웃을 일이다.

몸은 무엇인가? 겉으로 보이는 마음이다. 마음은 무엇인가? 보이지 않는 몸이다. 몸 가는 데 마음 가고, 마음 가는 데 몸이 간다. 마음 상태를 보면 그 사람의 몸 상태를 알 수 있고, 몸 상태를 보면 그 사람의 마음 상태를 알 수 있다. 건강한 사람은 센서가 발달했다. 뭔가 이상이 오면 즉각 시그널이 울리고 조치를 취한다. 센서가 잘 작동한다. 자기 몸이 망가지는 것을 가만히 두고 볼 수 없다. 음식을 줄이고, 술을 끊고, 운동을 시작한다. 그래서 평형상태를 유지한다. 반면 건강치 못한 사람은 센서에 이상이 있

몸은 무엇인가? 겉으로 보이는 마음이다.
마음은 무엇인가? 보이지 않는 몸이다.
몸 가는 데 마음 가고, 마음 가는 데 몸이 간다.
마음 상태를 보면 그 사람의 몸 상태를 알 수 있고,
몸 상태를 보면 그 사람의 마음 상태를 알 수 있다.

다. 잘 느끼지 못하고, 느끼더라도 행동으로 옮기지 못한다. 몸에 결정적인 문제가 생길 때까지 차일피일 미룬다.

정말 소중한 것은 급하지 않다. 우선순위에서 밀린다. 당장에는 별 문제가 없다. 하지만 문제가 생겼을 때는 이미 늦은 경우가 많다. 운동과 독서가 대표적이다. 둘 다 바빠서 우선순위에서 밀린다. 시간이 없어서 독서를 못한다고 말하지만 난 동의하지 않는다. 시간이 없어 독서를 하지 않는 게 아니라 독서를 하지 않기 때문에 그렇게 바쁜 것이다. 운동도 그렇다. 운동할 시간이 없는 게 아니다. 운동을 하지 않기 때문에 더 바빠지는 것이다. 자주 아프고, 잘못된 의사결정을 하고, 하지 않아도 되는 일에 쓸데없이 시간을 쓰게 된다.

인생은 시간이다. 인생은 시간 활용을 어떻게 하는가에 달려 있다. 시간 사용에는 최적화가 필요하다. 너무 한 곳에 시간을 쓰는 것보다는 상황에 맞게 몸과 정신에 적절한 안배를 하는 게 핵심이다. 여러분은 시간을 어디에 많이 쓰는가? 대부분 현대인은 머리 쓰는 일에 대부분의 시간을 할애한다. 몸 쓰는 일에는 소홀하다. 나는 반대가 되어야 한다고 생각한다. 몸에 우선순위를 두어야 한다. 몸을 관리하면 정신과 마음까지 관리할 수 있기 때문이다. 일거양득이다. 반대로 정신적인 부분만 관리하면 몸이 서서히 망가진다. 소설가처럼 글 쓰는 직업을 가진 사람들이 대표적이다. 촉망받던 소설가가 후반으로 가면서 필력이 떨어지는 이유는 바로 몸이 정신을 못 따라가기 때문이다.

몸이란 무엇일까? 몸은 당신이 사는 집이다. 지식이나 영혼도 건강한 몸 안에 있을 때 가치가 있다. 몸이 아프거나 무너지면 별 소용이 없다. 집이 망가지면 집은 짐이 된다. 소설가 박완서는 노년에 이렇게 말했다. "젊었을 적의 내 몸은 나하고 가장 친하고 만만한 벗이더니 나이 들면서 차차 내 몸은 나에게 삐치기 시작했고, 늘그막의 내 몸은 내가 한평생 모시고 길들여온, 나의 가장 무서운 상전이 되었다"(박완서의 《호미》 중에서).

정말 맞는 말이다. 몸만이 현재다. 생각은 과거와 미래를 왔다 갔다 한다. 하지만 몸은 늘 현재에 머문다. 현재의 몸만큼 중요한 것은 없다. 그렇기 때문에 몸은 늘 모든 것에 우선한다. 몸이 곧 당신이다. 몸을 돌보는 것은 자신을 위한 일인 동시에 남을 위한 일이다. 그런 면에서 몸을 관리하지 않고 방치하는 것은 무책임한 일이다. 직무유기다. 몸을 돌보지 않으면 가장 먼저 자신이 피해를 입는다. 이어 주변에 민폐를 끼친다. 몸을 돌보면 몸도 당신을 돌본다. 하지만 몸을 돌보지 않으면 몸이 반란을 일으킨다. 나는 그게 제일 두렵다.

똥배는
당신의 운명이
아니다

비만은 왜 생길까? 여기에 숨겨진 심리적 요인은 무엇일까? 비만은 체질적인 면도 있지만 먹는 것에 비해 움직이지 않는 생활습관이 가장 큰 원인이다. 하지만 성인의 경우에는 정신적인 영향이 크다. 미국에 유학 갔던 막내딸이 그랬다.

처음 미국에 보냈는데 6개월 만에 엄청 살이 쪄서 나타났다. 인천공항에 마중을 나갔는데 얼굴을 알아볼 수 없을 정도였다. 내 눈을 믿지 못했다. 도대체 아이한테 무슨 일이 있었던 걸까? 이유는 외로움과 음식 때문이었다. 유난히 가족을 밝히던 아이였는데 아는 사람 하나 없는 기숙사에서 하루 종일 말 한 마디 못하고 공부만 하며 지내는 일은 고통 그 자체였을 것이다. 그 외로움을 먹는 것으로 풀다 보니 비만이 된 것이다. 유학이 끝난 지금은 외로움도 끝나 몸도 정상으로 돌아왔다.

교통사고로 졸지에 부모를 잃은 한 젊은 여성도 단기간에 비만이 됐다. 엄청난 충격을 먹는 걸로 풀었기 때문이다. 이처럼 비만에는 다양한 이유가 존재한다. 당신이 비만이라면 어떤 이유가 있는가?

미국은 비만의 나라다. 그들은 비만의 원인을 '도피'checking out에서 찾기도 한다. 가령 엘 고어는 대통령 선거에 패배하고 2~3개월 후에 덥수룩한 턱수염에 체중이 상당히 불어난 상태로 나타났다. 선거 패배로 타격을 받아 도피한 것이었다. 가만 보면 미국인은 무모할 정도로 스트레스를 자청한다. 초능력을 발휘하려 한다. 하지만 실제 이를 수행하는 것은 쉽지 않다. 그래서 무의식적으로 '도피'를 선택한다. 이런 도피의 방법 중에서 비만은 극심한 경쟁을 피하고, 수동적인 태도로 돌아서기 위해 무의식이 가장 흔하게 이용하는 생존의 방법이다. 《컬처코드》란 책에 나오는 얘기이다.

스스로를 비만이라고 생각하는가? 언제부터 살이 쪘는가? 결정적 계기가 있었는가? 지금은 그 사건으로부터 자유로운가? 근본적으로 비만을 해결하기 위해서는 "나는 무엇으로부터 도피하려 하는가?"라는 질문을 던져 봐야 한다. 원인을 제대로 이해해야 치유가 가능하다. 그저 많이 먹고 운동을 하지 않았기 때문이라는 이유만으로는 비만에서 벗어나기 쉽지 않다.

내 경우를 보자. 나는 비만은 아니지만 다른 사람과 비슷하게 오랜 시간 똥배를 갖고 살았다. 입대 전까지는 60kg을 유지했다. 날씬한 것보다는 마른 쪽에 가까웠다. 그런데 제대할 무렵이 되자 10kg가 늘었다. 다들 짬밥 때문에 생긴 살이라고 했다. 아마 규칙적인 생활, 적절한 운동으로 몸이 오히려 좋아졌다고 해야 할 것이다. 하지만 몸은 둔했다. 복학을 하면서 다시 원 위치가 됐다. 유학을 마친 30대 중반까지 이 몸무게를 유지했다. 공부는 했지만 주기적으로 농구, 축구, 골프 등 다양한 운동을 했기 때문이다. 무엇보다 젊었기에 이것이 가능했다.

그런데 직장생활을 하면서 몸무게가 다시 늘기 시작했다. 잦은 회식과 앉아 있는 생활이 문제였다. 운동할 시간이 없었다. 똥배가 나오는 걸 처음 경험했다. 일단 그 생활에 젖으면 빠져 나오기가 쉽지 않다. 식사도 줄이고, 운동도 하고, 여러 노력을 했지만 늘 70kg이 조금 넘는 몸무게로 오랫동안 살았다. 똥배를 운명으로 받아들였다.

그러다 본격적으로 운동을 하고 음식조절을 하면서 똥배가 들어가기 시작했다. 지금도 조금은 남아 있지만 보통 아저씨들에 비하면 날씬한 편이다. 몸무게는 조금밖에 줄지 않았지만 똥배가 들어가고 근육이 늘면서 몸매가 좋아졌다. 그 과정에서 몸에 대해 많이 공부했다. 책도 100권 넘게 읽고 나를 대상으로 임상실험도 했다.

현대인은 다이어트로부터 자유롭지 못하다. 살이 찔 수밖에 없는 최적의 환경이기 때문이다. 먹는 것도 많고 움직이지 않아도 사는 데 하등 어려움이 없다. 나 역시 그러하다. 조금만 방심하면 언제든 10kg은 쉽게 붙는다. 그리고 한 번 붙은 살은 쉽게 빠지지 않는다. 특히 나이가 들수록 몸 관리에 신경을 써야 한다. 여러분은 비만인가? 계속 비만으로 살고 싶은가? 비만 탈출을 위해 무슨 일을 하고 있는가? 똥배는 당연한 것이 아니다. 아저씨들의 트레이드 마크도 아니다. 그것을 운명처럼 알고 있었다면 이제는 생각을 달리해 보자.

비만은
질병이다

어릴 때 내 별명은 '주선태'였다. 당시 유명한 영화배우 이름인데, 아마 유일하게 몸집이 좋았던 사람이었을 것이다. 그만큼 살집 있는 사람이 없었던 시절이다. 그때는 뚱뚱하면 사장 같다, 부잣집 도련님 같다는 덕담을 했다. 가난한 나라에서는 뚱뚱한 것이 부의 상징이다. 김정은이 대표적이다. 아마 북한 사람 중 유일하게 비만일 것이다. 반면 부자 나라에서 뚱뚱한 것은 가난의 상징이다. 전에는 사람들이 땀을 흘리고 돈을 받았지만 지금은 돈을 내고 땀을 흘린다. 그만큼 세상이 바뀐 것이다.

미모의 얼굴을 갖고 태어나도 살이 찌면 그 미모가 살아나지 못한다. 이목구비가 살에 묻히기 때문이다. 주변에 그런 사람들이 제법 있다. 좋은 유전인자를 물려줘도 관리하지 못하면 별 소용이 없다는 걸 보여주는 예이다. 비만은 모든 병의 원인이다. 적정 체중보다 20kg이 더 나가는 사람은 20kg의 배낭을 메고 평생을 사는 것과 다름없다. 무릎이 성할 수가 없다.

비만은 질병이다. 축적에 따른 병이다. 1999년, 세계보건기구는 비만을 단순한 외모상의 문제가 아닌 치료가 필요한 '질병'으로 분류했다. 의학전문가 홍혜걸은 비만을 "부푼 풍선 속의 시한폭탄"이라고 했다. 언제 터질지 모른다는 의미다. 비만 치료는 쉽지 않다. 주변을 둘러보면 이를 알 수 있다. 조금 뚱뚱하던 사람이 날씬해진 것을 보기는 쉽지 않다. 그보다는 더 뚱뚱해져 있는 경우가 흔하다. 다들 살을 빼야 한다고, 빼고 싶다고 말하지만 실천하는 사람은 극소수다. 비만학 전문가 스턴카드Stunkard 박사는 이렇게 얘기한다. "비만을 가진 사람들 대부분은 치료를 거부한다. 치료를 받은 사람은 대부분 체중이 줄지 않는다. 체중이 빠졌던 사람 대부분은 원위치가 된다." 그만큼 비만은 치료가 힘들다는 얘기다.

무슨 일을 할 때는 늘 정의定義와 목적을 생각해야 한다. 그래야 제대로 일을 할 수 있다. 여러분이 생각하는 다이어트의 정의는 무엇인가? 왜 다이어트를 하려고 하는가? 많은 사람은 다이어트를 '몸무게 줄이기'라고 생각한다. 거리에 즐비한 "한 달에 10kg 감량 책임보장, 미달시 환불"이란 슬로건을 봐도 알 수 있다. 이 간판을 건 가게도 그렇고 그런 간판을 보고 찾아간 사람도 그렇다. 이들에게 다이어트는 그저 수단 방법을 가리지 않고 수치로 나타난 몸무게만 줄이는 것이다.

난 이런 정의에 동의하지 않는다. 방향이 잘못됐다. 사실 몸무게 줄이는 방법은 간단하다. 며칠 밥 굶고 사우나에서 계속 땀을 흘리면 된다. 복싱선수들이 계체량 통과를 위해 하는 일이다. 이렇게 하면 어떤 일이 벌어질까? 빠져야 할 체지방은 빠지지 않고 빠지지 말아야 할 수분과 근육이 빠진다. 빠지라는 뱃살은 안 빠지고 얼굴 살만 빠지면서 늙었다는 얘기를 듣는다. 장기적으로는 같은 양을 먹어도 살이 더 찌는 '불량체질'이 된다. 당연히 요요현상이 오고 몸매가 망가진다. 나올 데는 들어가고, 들어가야 할 데가 나오는 볼링공 몸매가 된다. 예전에 비해 더 쉽게 살이 찐다. 참 무식한 일이다. 요요현상은 몸에 대한 무지와 단기간에 별 다른 노력 없이 살을 빼려는 욕망이 합작하여 만든 작품이다.

내가 생각하는 다이어트의 정의는 "뺄 것은 빼고, 늘릴 것은 늘리는 것"이다. 체지방은 빼고, 근육은 키우는 것이다. 기초대사량을 늘려 같은 양을 먹어도 살이 안 찌는 체질로 만드는 것이다. 몸무게 줄이는 것이 목표가 아니라 근육질 몸매를 만드는 것이 목표다.

다이어트와 관련해서 별의별 장사꾼들이 참 많다. 비만으로 죽는 사람보다 비만을 팔아먹고 사는 사람이 더 많은 세상이다. 그중 사기꾼이 많은데 이를 구분하는 방법은 간단하다. 단기간에, 아무 노력 없이, 음식만으로, 혹은 시술로 무언가를 해주겠다는 사람들은 틀림없이 사기꾼이다. 단기적으로 살이 빠진 것처럼 보이지만 장기적으론 더 나쁜 결과가 올 수밖에 없다. 그게 몸이

다. 올바른 다이어트는 장기적으로, 서서히, 많은 노력으로, 음식
과 운동을 함께 병행해 가면서 얻은 것이다. 이게 습관으로 굳어
질 때 오는 정직한 결과물이다.

사는 게 힘든가?
더 이상 이런 스케줄을 소화하기 어렵다는 생각이 드는가?
체력이 고갈되어 쓰러질 것 같은가?
그럼 운동을 시작하라.
운동은 구원이다. 최고의 보약이다.
힘든 영혼에게 주는 비타민이다.
바쁠수록 운동에 목숨을 걸어야 한다.
그래야 버틸 수 있다.

가장
비싼 옷은
내 몸이다

잘 나가는 사람은 다들 운동을 한다. 그만큼 운동의 효용성과 중요성을 알기 때문이다. 운동은 투자 대비 효과가 크다. 그렇게 투자수익률ROI, return on investment이 큰 투자는 찾기 힘들 것이다. 하루 한 시간 남짓의 시간, 약간의 비용과 불편함만 감수하면 효과는 어마어마하다. 나 역시 운동을 하면서 여러 가지 효과를 실감한다. 내가 운동하는 이유를 정리해 보았다.

첫째, 운동 후에 느끼는 상쾌함과 자신감 때문이다. 나는 건강 때문에 할 수 없이 운동을 시작했다. 하지만 운동을 하면서 생각이 변했다. 지금은 건강 때문만은 아니다. 운동 자체가 좋고 계속하고 싶다. 이틀만 안 하면 몸이 근질거린다. 역기를 들고 땀을 흘리고 싶다. 아무리 힘이 들고 하루가 고달파도 운동하고 샤워를 마치고 나오면 세상의 모든 근심은 사라진다. 자신감으로 넘치는 나를 발견한다.

둘째, 몸이 달라지는 걸 온몸으로 느낀다. 운동이 주는 최상의 보상은 내 몸의 변화다. 외적인 변화가 온다. 배가 나오고 군살이 많을 때는 의도적으로 거울을 보지 않았다. 별로 보고 싶지 않았다. 스스로가 봐도 흉했다. 하지만 점점 군살이 사라지고 그 자리를 근육이 대체하면서 거울 앞에 자주 서게 된다. 커다란 보상이다. 내가 미스터코리아에 나갈 것도 아니고, 식스팩을 만들어 남들 앞에 보여 주고 싶은 생각은 더더욱 없다. 스스로에 대한 만족감 때문에 운동을 한다.

셋째, 옷발이 산다. 운동을 하면서 허리가 줄어들자 옷 입는 즐거움이 생겼다. 젊을 때는 아무 옷이나 입어도 이상하지 않았다. 청바지에 티셔츠 하나만 입어도 젊음이 많은 것을 덮어 줬다. 하지만 나이가 들고 똥배가 나오면서 비싼 옷을 입어도 어딘가 늘 부족했다. 그렇다. 최고의 옷걸이는 몸매다. 좋은 몸매를 가지면 아무 옷이나 입어도 어울린다. 반면 똥배가 나온 몸은 명품으로 휘감아도 개발에 편자다. 예전에는 가족들이 말리기도 했지만 몸매가 훤히 드러나는 옷은 입을 수 없었다. 하지만 이제는 쫄티를 입고 외출할 계획도 세운 상태다.

넷째, 얼굴에서 광채가 난다. 최고의 화장품은 운동이다. 운동을 한 다음에 샤워를 할 때는 얼굴이 미끄러지는 듯한 느낌을 받는다. 마치 단물로 세수를 할 때와 같은 기분이다. 땀의 효용성이 이런 데 있다. 오랫동안 운동을 하지 않으면 얼굴이 꾀죄죄하다. 아무리 좋은 화장품을 찍어 발라도 그게 그거다. 하지만 온몸을 땀으로 적신 후에는 스킨만 발라도 얼굴에서 광채가 난다. 운동은 최고의 화장품이다.

다섯째, 운동은 돈을 절약해 준다. 형편이 어려운 사람일수록 살림이 나아지기가 쉽지 않다. 건강 때문이다. 먹고 살기 힘드니 자기 몸을 돌보지 않고, 세상살이가 고달프니 술과 담배를 많이 한다. 그나마 잠깐의 위안이 되기 때문이다. 젊을 때는 괜찮지만 어느 순간 몸이 망가지면서 그동안 푼푼이 모은 돈이 한 번에 날아간다. 그러면서 악순환에 빠진다. 다들 몸에 좋다면 약도 사 먹고, 수백만원짜리 진단도 받고, 뭐든 한다. 하지만 꾸준히 운동하는 사람은 많지 않다. 내가 아는 한 주기적인 운동만큼 건강에 좋은 것은 없다.

여섯째, 젊어 보인다. 아기들은 막 자고 일어나도 얼굴이 뽀송뽀송하다. 세수를 하지 않아도 해맑고, 별다른 노력 없이도 피부가 보드랍다. 성장호르몬 때문이다. 성장호르몬은 동안의 비결이고 젊음의 샘이다.

나이가 들어 이런 성장호르몬을 분비시키는 유일한 방법은 운동이다. 데드리프트dead lift와 스쿼트squat는 성장호르몬을 분비시키는 운동이다. 의학전문가 홍혜걸은 운동을 가리켜 '사이토카인cytokine' 샤워라고 했다. 사이토카인이란 백혈구 등 면역세포에서 분비하는 단백질로, 젊고 싱싱함을 유지하려면 사이토카인이 원활하게 작동해야 하는데 이런 사이토카인을 일깨우는 촉매가 바로 운동이라는 것이다.

일곱째, 생산성이 올라간다. 버진그룹은 300개가 넘는 기업이 있고 종업원이 5만 명 이상에 매출이 250억 달러가 넘는 대기업이다. 버진그룹의 리처드 브랜슨에게 어떻게 지금처럼 생산적인 사람이 되었냐는 질문을 했더니 그는 운동 덕분이라고 답했다. 운동 덕분에 생산적이 되었고 매일 4시간 이상을 더 활용할 수 있었다고 고백한다.

나 역시 운동 덕분에 생산성 높게 일하고 있다. 오전에 집중적으로 글을 쓰거나 강의를 하면 퍽 지친다. 더 이상 일하고 싶지 않은 느낌이다. 그럴 때 한 시간 남짓 운동을 하면 완전 새로운 기분이 된다. 의욕이 넘친다. 하루를 두 번 사는 느낌이다.

이런 사실을 모르는 사람은 없다. 다들 동의하는 그렇고 그런 얘기다. 그럼에도 이런 얘기를 하는 이유는 그만큼 운동을 하지 않기 때문이다. 운동을 할 수 없는 천 가지 이유를 대기 때문이다. 대표적인 것이 시간 부족이다. 운동할 시간이 없는 사람은 나중에 병원에 입원할 시간은 있다는 사실을 깨닫게 될 것이다. 제발 운동을 하라. 당신을 위해, 가족을 위해, 사회를 위해.

외모가
경쟁력이다

외모에 대해 어떤 생각을 하고 있는가? 여러 의견이 있다. 외모를 최우선 판단기준으로 하는 외모지상주의자, 외모는 아예 무시하고 내면만 중요하다고 생각하는 내면중시주의자, 외모는 평가기준 중 하나에 불과하다는 사람, 속으로는 외모가 중요하다고 생각하지만 외부의 시선을 의식해 겉으로는 안 중요한 척하는 사람 등등 여럿이다. 난 외모에 큰 비중을 두는 편이다. 타고난 것일 수도 있고 살면서 나도 모르게 굳어진 생각일 수도 있다.

1960년 9월 26일, 닉슨과 케네디가 사상 처음으로 라디오와 텔레비전에서 생중계로 토론을 벌였다. 라디오 청취자들은 닉슨이 승리했다고 응답했다. 그가 말을 잘 했기 때문이다. 하지만 TV로 시청한 사람들은 하나같이 케네디의 확실한 승리를 점쳤고 결과는 케네디의 승리였다. 그것은 또한 외모의 승리였다. 그의 준

수한 외모는 수많은 단점에도 불구하고 그를 신화로 만들었다. 이처럼 외모는 중요하지만 사람들은 외모에 관해 이중적인 생각을 갖고 있다. 외모를 중시하는 걸 내면을 무시하는 것과 동일시하는 것이다. 생각은 그렇지 않지만 외모에 별 비중을 두지 않는 것처럼 말하기도 한다. 외모 관련 유머에도 이는 나타난다. 여자들이 원하는 남성상은? 나이에 따라 외모, 학벌, 돈, 성격 등으로 달라진다. 하지만 남자들이 원하는 여성상은? 나이불문하고 무조건 예쁜 게 기준이다. 이런 유머를 들으면 다들 웃는다. 동의한다는 것이다. 물론 외모만 보는 것은 위험하다. 하지만 번듯한 외모가 주는 후광효과가 사람들 생각에 큰 영향을 끼치는 건 부인할 수 없다.

외모는 중요한 판단기준이다. 딸들은 나를 외모지상주의자라고 놀린다. 인정한다. 젊어서 소개팅을 할 때도 난 외모를 가장 중시했다. 다른 것이 아무리 우수해도 외모가 마음에 들지 않으면 만나지 않았다. 더 이상 상대에 대해 알고 싶지 않았다. 어떨 때는 그런 자신이 한심하게 느껴지기도 했다. 하지만 과연 그게 비난받을 일인가? 그렇지 않다. 과일을 고를 때조차도 외모를 보지 않는가? 보기 좋은 떡이 먹기도 좋다. 이왕이면 다홍치마다. 조선시대에 관직에 오르는 사람을 평가하던 기준도 바로 신언서판身言書判이었다. 생긴 것, 말하는 것, 쓰는 것, 판단하는 것 가운데 으뜸은 바로 생김새이다. 옛사람들도 그만큼 외모를 중시했다는 얘기다.

이렇듯 외모는 예나 지금이나 중요한 판단기준이다. 외모를 보면 그 사람의 삶이 어느 정도 보인다. 비교적 짧은 시간에 다양한 정보를 보여 준다. 몸을 보면 평소 자기관리를 잘하는 사람인지 아닌지를 알 수 있다. 성실한 사람인지의 여부도 어느 정도 알 수 있다. 외모가 망가지면 자신을 홍보하는 데 힘이 많이 든다. 자신이 얼마나 괜찮은 사람인지 설명하는 데 갑절의 시간과 노력이 필요하다. 반대로 외모를 잘 관리하면 그런 비용을 줄일 수 있다. 내 자신이 어떤 사람인지를 구구절절이 설명할 필요가 없다. 당연히 좋은 기회를 만날 가능성이 높아진다.

외모는 일종의 능력이다. 사람들은 대개 시험을 잘 봐서 취직하는 것은 정당한 일이지만 인물이 좋아서 취직하는 것은 불평등하다고 생각한다. 외모 평가에 반발하는 사람들은 외모는 타고난 것이지 자기 힘으로 어쩔 수 없는 것이라 여기기 때문이다. 반은 맞고 반은 틀렸다. 부모가 좋은 유전자를 물려주었지만 관리를 못해 망가진 사람이 지천이다. 술과 담배에 찌들고 만삭의 몸을 한 사람은 얼굴까지 망가진다. 반대로 평범한 외모지만 후천적인 노력으로 빛이 나는 사람도 얼마든지 있다. 가수 비가 그렇다. 그는 사실 평범한 외모지만 빛이 난다. 얼마나 멋진 몸매를 갖고 있는가? 외모는 타고났지만 관리의 책임은 우리에게 있다. 나이가 들수록 더욱 그러하다.

외모는 자신감이다. 추운 날 짧은 치마를 입는 여자들이 있다. 다른 사람을 위해서가 아니라 바로 자신을 위해 입는 것이다.

자기의 멋진 몸매를 자랑하고 싶기 때문이다. 몸매를 드러내면 스스로 기분이 좋아지기 때문이다. 자기 외모가 마음에 들면 자신감이 생기고 그렇지 않으면 위축된다. 고도비만인 사람들은 자신감이 없다. 옷도 몸매가 드러나지 않는 펑퍼짐한 옷을 입고 눈도 잘 마주치지 않는다. 늘 남들이 자기를 보고 수군거린다고 생각한다. 그러다가 몸이 날씬해지고 외모에 자신감이 생기면 행동이 달라진다. 짝 달라붙는 옷을 입고 눈도 마주치고 자신 있게 행동하기 시작한다.

외모는 그 자체로 건강의 상징이다. 사람들은 외모를 위해 돈이 드는 성형을 택한다. 하지만 성형을 한다고 건강이 오는 것은 아니다. 외모와 건강이라는 두 마리 토끼를 다 잡는 유일한 방법은 바로 적절한 운동이다.

몸이
정신을
이긴다

주야 교대근무를 하는 사람들이 있다. 한 주는 낮 근무, 다음 한 주는 밤 근무를 하는 사람들이다. 간호사가 대표적이고 철강이나 화학회사도 교대로 돌아가는 곳이 많다. 24시간 편의점에서 근무하는 이들도 있다. 이들을 볼 때마다 측은지심이 생긴다. 남들이 자는 밤에 일하는 사람의 고민은 경험해 본 사람만이 안다. 오래전에 공장 책임자로 이런 사람들과 몇 년 지낸 적이 있어 이들을 조금은 이해한다. 그들은 늘 교대근무로 인한 컨디션 저하를 힘들어했다. "전 정말 교대근무가 힘듭니다. 20년 이상 이걸 했으면 적응할 만도 한데 그게 뜻대로 되지 않습니다. 밤 근무를 하고 집에 가면 잠이 잘 오지 않아요. 뭔가 말하긴 어렵지만 머리가 띵합니다. 리듬이 확 깨지지요."

이렇게 밤새 일한 현장 사람을 대상으로 가끔 강의를 한다. 강의하는 입장에선 최강의 적수를 만난 셈이다. 밤새 일한 사람들은 본인 의사와는 관계없이 집중력이 흩어지기 때문이다. 몇 사람은 강의 시작부터 존다. 이들을 대상으로 강의할 때마다 드는 생각이 있다. '내가 이런 사람들을 재우지 않고 강의할 수 있다면 어디서든 성공적으로 강의할 수 있을 거야, 어쩌자고 이렇게 힘든 사람들에게 강의를 하라고 할까, 교육담당자도 오죽하면 이 시간에 강의를 요청할까?' 이들을 볼 때마다 나는 확인한다. "몸이 정신을 이긴다. 정신보다 중요한 건 몸이다. 몸을 먼저 만들면 정신은 자연스럽게 따라온다."

당신의 생각은 어떤가? 몸과 정신 중 무엇이 더 중요하고 우선이라고 생각하는가? 난 몸이라고 생각한다. 정신은 몸이 무너지는 순간 대부분 함께 무너진다. 아니 먼저 무너질 가능성도 높다. 히딩크는 이를 깨닫고 실천한 사람이다.

그가 오기 전 한국 축구는 늘 정신력을 강조했다. 하지만 히딩크는 달랐다. 선제골을 넣고 후반에 이를 지키지 못해 지는 경우가 많았는데 이것은 정신력의 문제라기보다는 체력 탓이 컸다. 그의 분석은 정확했다. 정신력은 완벽한데 체력이 이를 뒷받침하지 못한다고 생각해 체력 훈련에 집중했다. 그중 하나가 전력질주 후 맥박이 정상으로 돌아오는 시간을 줄이는 훈련이다. 그 시간이 짧을수록 체력이 좋은 것이다. 박지성은 가장 빨리 맥박이 돌아온 선수 중 하나다. 체력강화 훈련을 하는 동안 프랑스 같은 강팀과 연습경기를 해 '오대영'이란 별명까지 얻었다. 하지만 그 과정에서 한국선수의 체력은 놀랄 만큼 좋아졌고 강팀과의 경기에서도 전혀 밀리지 않았으며 결국 4강까지 진출했다. 정신력보다 체력이 우선이란 것을 잘 보여 주는 증거였다.

우리는 어떤가? 각자 자기 몸에 얼마나 관심을 갖고 있는가? 직원들의 체력이나 컨디션에 어느 정도 신경을 쓰는가? 주어진 일을 성공적으로 수행할 몸을 가졌는가? 대부분 전문성, 업무역량을 기르는 데는 관심이 많지만 자기 몸에는 별로 신경을 쓰지 않는다. 회사도 건강진단은 하지만 체력진단을 하지는 않는다. 그걸로 충분할까? 건강진단은 아프지 않다는 증거이지 튼튼하다는 것을 보여 주지는 못한다. 성공적으로 일하기 위해서는 체력을 올려야 한다. 일할 수 있는 몸을 만들고 최상의 컨디션으로 일할 만반의 준비를 갖추어야 한다. 기업 교육도 그렇다. 교육받기 전에 교육을 받을 만한 컨디션인지를 점검해야 한다. 무조건 강의실에 몰아넣고 지식을 주입하는 식의 교육은 지양해야 한다.

그런 면에서 얼마 전 곤지암 리조트에서 열린 모 기업의 팀장교육은 인상적이다. 오후 네 시 반부터 강의를 부탁해 일찌감치 갔는데 아무도 없고 담당자만 있다. 다들 어디 갔냐고 물어보자 자유시간을 주었단다. 이유를 물어보니 이렇게 답한다. "그동안 다들 너무 힘들었습니다. 이런 컨디션으로 강의를 받는 것은 무리라는 생각에 두 시간쯤 자유시간을 주었습니다. 산책하는 사람도 있고 낮잠도 자고 알아서 쉬고 있을 겁니다."

신선한 충격이었다. 내가 교육담당자라면 정말 하고 싶었던 일이었기 때문이다. 강의는 성공적이었다. 컨디션 조절을 끝낸 팀장들은 강의에 온전히 몰입했다. 제대로 된 교육을 위해서는 몸의 컨디션이 좋아야 한다. 컨디션이 나쁘면 아무리 멋진 말을 그럴 듯하게 해도 씨알도 먹히지 않는다. 그런데 팀장이나 임원 중에는 평소 무리한 생활로 완전 탈진상태로 들어오는 경우가 많다. 난 그들을 볼 때마다 저들에게 필요한 건 강의가 아닌 휴식이란 생각을 한다.

우리는 운동선수들을 배워야 한다. 그들의 최우선 임무는 자기 몸을 최고의 상태로 만드는 것이다. 그렇지 않으면 경기에서 이길 수 없다는 사실을 너무도 잘 알고 있기 때문이다. 그렇다. 몸이 먼저다. 몸이 정신을 이긴다.

운동은
구원이다

본격적으로 운동을 시작한 후에 내게 일어난 변화를 보자면 참으로 놀랍다. 우선, 아프던 부위가 나아지는 것을 느낄 수 있었다. 운동 전에는 오십견 때문에 고생을 했다. 크게 아프지는 않지만 생활에 많은 불편을 주는 병이다. 오른팔이 높이 올라가지 않으니 택시를 잡을 때에도 불편했다. 누울 때도 아픈 쪽으로 눕지 못하고 한쪽으로만 누워야 했다. 기지개도 마음대로 하지 못했다. 가장 불편한 일은 옷을 갈아입을 때였다. 오른쪽 어깨 때문에 서커스 하듯 옷을 입어야 했다. 화장실에서도 불편했다. 정상일 때는 전혀 의식하지 못했던 여러 행동에 제약이 많았다.

오십견을 치료하기 위해 한의원을 다녔다. 이틀에 한 번 꼴로 가서 침을 맞고 한약도 지어 먹었다. 그런데 생각처럼 빨리 낫지 않았다. 큰 병원에 가서 진단을 하니 확실한 오십견이니 다음번에 와서 주사를 맞자고 얘기했다. 게다가 환자가 밀려 2주 정도

기다려야 한다고 했다. 예약을 하고 왔더니 사람들이 그 주사에 대해 여러 얘기를 해주었다. 비싸다, 아프다, 한 번으로 안 되고 여러 번 맞아야 한다 등등. 그러던 차에 지금의 헬스 코치를 소개받게 되었다.

짐마일로의 이기원 코치가 내 몸 상태와 오십견을 보고 내린 진단은 분명했다. "요즘 대부분의 병은 몸을 너무 사용하지 않기 때문에 생깁니다. 오십견이 대표적입니다. 최근 어깨를 사용해 뭔가 운동을 하신 적이 있나요? 팔을 위로 올리거나 짐을 들거나 내리거나 한 적은요?"

당연히 없었다. 이어 이렇게 말했다. "요즘은 젊은 사람 중에도 팔을 위로 쭉 뻗지 못하는 사람들이 많습니다. 너무 움직이지 않기 때문입니다. 그렇기 때문에 오십견을 치료하기 위해서는 안 쓰던 어깨 근육을 쓰게 하면 됩니다." 그러면서 어깨 근육을 쓰기 위해 개발한 몇 가지 운동을 소개했다. 비스듬히 누워 어깨로 작은 아령을 들고 내리는 운동, 서서 팔을 몸에 붙이고 강한 고무줄을 양쪽으로 늘이는 운동, 작은 탁자 위에 아령을 올리고 어깨만으로 왕복하게 하는 운동 등등.

난생 처음으로 하는 동작이라 무척 어색했다. 어깨의 특정 부위에 불이 나는 것 같은 아픔도 느꼈다. 도대체 이게 운동이 될까 하는 의구심도 생겼다. 그런데 운동을 일주일 정도 한 후 어깨가 급속히 좋아지는 느낌을 받았다. 침을 그렇게 맞아도 낫지 않던 어깨가 돌리기도 수월하고 위로 올려도 아프지 않았다. 한 달 정도 지나자 거의 정상으로 돌아왔다. 이 코치 말이 맞았다. 그동안 너무 쓰지 않았던 어깨 근육을 움직인 결과 정상으로 돌아온 것이다.

운동의 중요성을 모르는 사람은 없다. 하지만 운동을 꾸준히 지속적으로 하는 사람 또한 별로 없다. 아는 것과 행하는 것이 그만큼 힘든 것이다. 그동안 운동을 하지 않은 것은 아니었다. 늘 하다 말다를 반복했다. 재미도 없고 별다른 효과도 느끼지 못했기 때문이다. 내 몸에 대해, 운동법에 대해 무지했다. 그러나 요즘은 달라졌다. 운동에 대해, 무엇보다 몸에 대해 열심히 공부하고 있다. 알수록 신기하고 신비롭다. 내 몸을 대상으로 배운 것을 실험하는 재미도 쏠쏠하다.

나는 운동이 좋다. 운동하는 동안 나는 모든 것을 끊고 내 몸과 대화한다. 무아의 경지에서 운동을 한다. 운동을 하기 전과 운동을 한 후는 세상이 다르게 보인다. 운동한 후 느끼는 뻐근함도 좋다. 쉬면서 느끼는 노곤함도 사랑한다. 내 몸이 변하는 모습을 보는 것도 좋다. 나에게 운동은 구원이다.

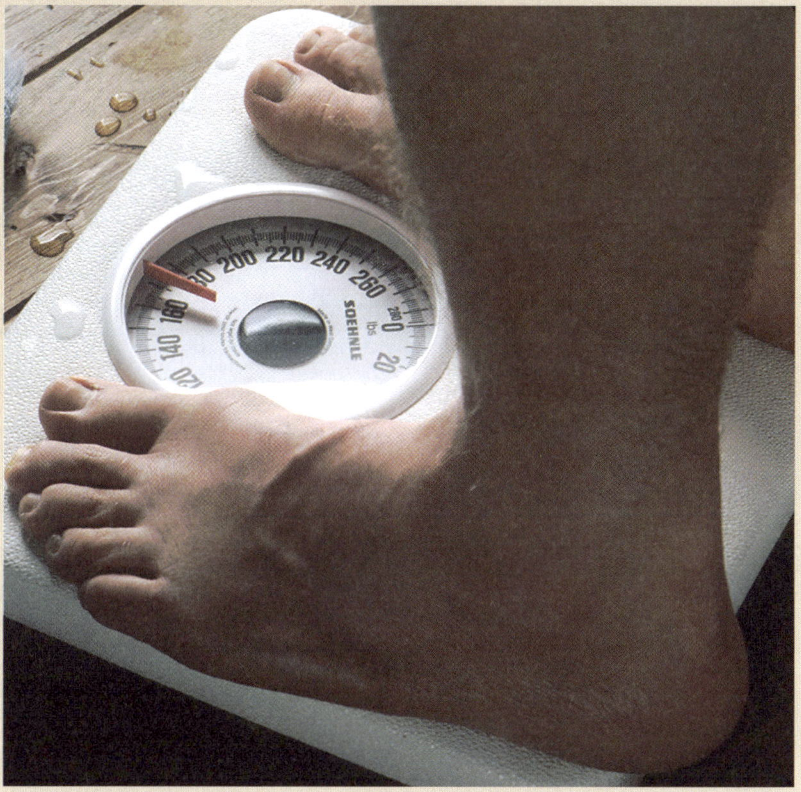

중요한 건 몸무게가 아니라 몸의 구성비다.
말라도 지방이 많은 사람이 있고 뚱뚱해도 지방보다 근육이 많은 사람이 있다.
당연히 후자가 더 건강하다.
우리의 목표는 몸무게를 줄이는 게 아니다.
건강하고 날씬하고 보기 좋은 몸매를 만드는 것이다.

바쁠수록
운동하라

모 반도체 회사의 이 상무는 회사 매출의 60퍼센트를 책임지고 있는 핵심간부다. 글로벌 영업 담당인데 IBM, MS 등 중요한 거래선만 해도 아홉 군데를 맡고 있다. 보통 사람은 한두 개도 감당하기 힘든 곳들이다. 그러다 보니 개인시간이 거의 없다. 파트너들이 많으니까 절대시간이 부족하다. 대부분의 거래선들과 시차가 달라 새벽부터 밤늦게까지 회의를 할 수밖에 없다. 주중에도 매일 저녁 누군가를 만나 영업활동을 한다. 주말도 마음대로 쓸 수 없다. 매주 토요일과 일요일은 거래선과 좋은 관계를 유지하기 위해 골프를 쳐야 한다. 그야말로 시간을 분초로 나누어 일을 하는 사람이다. 보통 사람들은 절대 소화할 수 없는 스케줄이다.

그런데 그는 아주 건강하고 씩씩해 보인다. 비결을 물어봤더니 이렇게 답한다. "매일 같이 철인 3종 경기를 한다고 보면 됩니다. 정말 죽음의 레이스입니다. 우선 일을 즐겨야 합니다. 사실 바이어들과 만나는 일이 괴롭지는 않습니다. 밀고 당기면서 머리를 많이 써야 하지만 그 자체가 즐겁습니다. 또 어느 정도 신뢰관계가 형성되어 있으니 재미도 있습니다. 또 다른 하나는 운동입니다. 새벽 6시쯤 집을 나와 회사 근처에서 한 시간쯤 운동을 하고 출근하는데 그게 저를 버티게 합니다. 운동을 하지 않았다면 저는 이미 쓰러졌을 겁니다." 한 마디로 운동 덕분에 그 힘든 스케줄을 버틴다는 소리다.

대기업 사장을 하는 친구들이 여럿 있는데 이들의 스케줄 역시 이 상무와 큰 차이가 없다. 새벽부터 밤늦게까지 거듭되는 회의, 공장 방문, 관련업체 미팅, 회장 보고 등으로 눈코 뜰 새 없다. 한 마디로 죽음의 스케줄이다. 그래서 웬만한 일이 아니고는 아예 평일에는 연락할 엄두조차 내지 못한다. 서로가 서로의 일정을 알기 때문이다. 그렇게 높이 올라간 친구들의 공통점 역시 새벽마다 운동에 일정 시간을 투자한다는 것이다. 운동을 하지 않고는 절대 버틸 수 없다는 것을 본능적으로 알고 있다.

위로 올라갈수록 업무강도가 달라진다. GE의 제프리 이멜트 회장의 일정표를 본 적이 있는데 30분 간격으로 미팅이나 보고가 있고 주요 인사와의 접견이 있다. 하나하나가 매우 중요해 극도의 집중력을 필요로 하는 것들이다. 설렁설렁 수다 떠는 만남이 아니다. 이런 그를 버티게 하는 것 역시 운동이다.

서울 양재동에는 뱅뱅사거리가 있다. 오늘날의 뱅뱅을 만든 뱅뱅어패럴 권종열 회장은 평화시장에서 옷을 만들어 오늘의 가

업을 일구었다. 그 역시 일찍부터 운동의 중요성을 깨달은 사람
이다.

"평화시장에서 나는 달렸다. 청계천이 콘크리트로 덮여 있
지 않을 때는 천 주변을 뛰었고, 복개된 다음에는 그 위를 달렸다.
양복 입고 출퇴근 하지는 않을 때였으므로, 복장도 청바지든 뭐
든 평상복 그대로였다. 주로 장사를 하지 않는 새벽이나 저녁 시
간에 달렸다. 추억을 생각하며 뛰는 건 아니었다. 괴로워서 달렸
다. 왜 옷이 안 팔릴까, 현금이 부족한데 언제까지 버틸 수 있을
까, 이번 달 직원 월급은 어떻게 주나 등등. 달리기를 시작하면 처
음에는 이런 고민들이 머릿속에서 떠나지 않는다. 그러나 좀 지
나면 몸이 힘들어서 괴로움이 잊혀지고, 잡념도 없어졌다. 달리
고 난 뒤에는 머리가 맑아지고 뭔가 다른 각도의 해결 방법이 떠
오르기 시작했다."(〈조선비즈〉 'He 스토리', 2014년 2월 12일)

사는 게 힘든가? 더 이상 이런 스케줄을 소화하기 어렵다는
생각이 드는가? 체력이 고갈되어 쓰러질 것 같은가? 그럼 운동을
시작하라. 차를 버리고 걷든지 아니면 뛰든지, 어쨌든 몸을 움직
여 보라. 일정 시간 운동에 투자해 보라. 운동은 구원이다. 최고의
보약이다. 힘든 영혼에게 주는 비타민이다. 바쁠수록 운동에 목
숨을 걸어야 한다. 그래야 버틸 수 있다.

세상에는 두 종류의 인간이 있다. 운동을 하는 인간과 운동
과는 담 쌓은 인간이 그것이다. 일과에 운동이 들어가 있는 인간

나이가 들수록 근육이 중요하다.
실제 중년 이후의 많은 병은 근육부실로 생긴다.
근육은 힘살이다. 근육이 있어야 힘을 쓸 수 있다.
"체지방을 줄이고 근육을 키워라."
핵심은 근육이다

과 그렇지 않은 인간으로도 나눌 수 있다. 운동을 하지 않는 것은 운동을 하지 않아도 견딜 만하기 때문이다. 운동을 하는 것은 운동을 하지 않고는 버틸 수 없기 때문이다. 즉, 운동을 하지 않은 사람은 업무 강도가 세지 않다는 뜻이기도 하다. 아니면 지금 같은 생활을 하다가는 조만간 쓰러질 수도 있다는 말도 된다. 당신은 어떤 사람인가?

2

내 몸을
공부하라

의사에게
몸을
외주 주지 말라

"폭풍 다이어트, 한 달에 20킬로 감량 보장, 미달성시 원금반환!" 이런 슬로건을 내건 헬스장을 볼 때마다 한심하다는 생각이 든다. "1억 내면 평생 월 500만 원 보장"이란 광고와 다를 바가 없다. 한 마디로 사기다.

그런 일이 가능할까? 그 슬로건을 내건 사람에게 이렇게 물어보고 싶다. "그렇게 줄인 몸무게가 유지될까요?" 말이 되지 않는다. 빨리 뺀 몸무게는 그만큼 빨리 불어난다. 빼기 전보다 오히려 더 찐다. 정말 빼야 할 지방은 빠지지 않고 빠져선 안 되는 근육과 수분이 줄어들기 때문이다.

우리는 몸에 대해 너무 무지하다. 별로 공부하지 않고 알려고도 하지 않는다. 그렇게 중요한 자기의 건강을 의사 등 전문가에게 완전 외주를 주고 평소에는 신경을 끊는다. 그들의 전문

영역은 절대 침범하지 않으려 한다. 그리고 조금만 몸에 이상이 생겨도 바로 병원을 찾는다. 이 병원 저 병원을 쇼핑하듯 다니는 사람도 있다. 그렇게 좋다는 병원을 자주 다니면 건강이 유지된다고 생각한다. 과연 그럴까? 병원을 자주 찾는 것과 건강을 지키는 것과는 과연 상관관계가 있을까? 자기 몸에 대해 공부하지 않고 이렇게 외주를 주어도 상관없을까? 우리는 몸에 대해 얼마나 알고 있을까?

대표적인 것으로는 고혈압 증상을 들 수 있다. 나이가 들면 으레 혈압이 높아진다. 이럴 때 의사들은 '몸에는 별다른 해가 없다'면서 혈압약을 권한다. 물론 필요하면 먹어야 한다. 하지만 대부분의 혈압은 조금만 운동하면 대번에 좋아진다. 왜 이런 간단한 방법을 놔두고 쓸데없이 평생 약을 먹으려 하는가? 자기를 위해선가, 의사를 위해선가, 아니면 도탄에 빠진 제약회사를 위해선가? 몸에 좋기만 한 약이 과연 존재할 수 있을까?

젊은 여성들이 하는 무지한 다이어트도 그렇다. 여성들의 미에 대한 집착은 본능적이다. 조금이라도 뚱뚱한 자신을 용서하지 못한다. 비난할 일은 아니다. 문제는 방법이다. 본격적으로 살을 빼기 전, 몸에 대해 조금만 공부를 해보라. 잘못된 방식을 사용하면 목적도 달성하지 못하고 몸만 상한다.

이들의 니즈는 "별다른 노력 없이 쉽게 살을 빼고 싶다"는 것이다. 명확하지만 가정이 잘못됐다. 살은 쉽게 뺄 수 없다. 살이 그렇게 쉽게 빠지면 다이어트 산업은 애당초 존재하지 않았다.

핵심은 운동과 섭생이다. 근육을 만들고 체지방을 줄이는 것이다. 그리고 이를 위해서는 시간이 걸린다. 단시간 다이어트는 대부분 사기다. 사기를 치는 사람보다 그런 사기에 계속 당하는 사람이 더 멍청한 법이다.

내가 처음 운동을 한 이유 중 하나는 트레이너들 때문이었다. 하나같이 날씬하고 피부가 좋고 얼굴에서 광채가 났다. 나도 저렇게 되고 싶었다. 그런데 생각처럼 몸무게가 줄지 않았다. 날씬한 여자 코치에게 그런 고민을 토로하자 그녀가 거꾸로 내게 물었다. "제 몸무게가 얼만지 아세요? 59kg입니다." 깜짝 놀랐다. 키가 168cm로 크긴 했지만 그렇게 많이 나가 보이지는 않았기 때문이다. "체중계는 갖다 버리세요. 몸무게는 정확하지 않은 기준입니다. 몸무게보다는 허리둘레, 몸맵시를 열심히 관찰하세요. 근육을 만들다 보면 단기적으로는 늘 수도 있습니다"라고 조언해 주었다. 큰 깨달음이 왔다.

몸무게가 조금 줄었다고 너무 좋아하지 말아라. 빠지면 안 될 수분과 근육이 줄어들었을 수 있다. 몸무게가 늘었다고 좌절하지 마라. 꼭 필요한 근육이 만들어졌을 수도 있다. 중요한 건 몸무게가 아니라 몸의 구성비다. 말라도 지방이 많은 사람이 있고 뚱뚱해도 지방보다 근육이 많은 사람이 있다. 당연히 후자가 더 건강하다. 우리의 목표는 몸무게를 줄이는 게 아니다. 건강하고 날씬하고 보기 좋은 몸매를 만드는 것이다. 먹고 싶은 걸 먹으면서 되도록 살이 찌지 않는 그런 몸을 만드는 것이다. 그러려면 기초대사량이 훨씬 큰 근육형 체질로 바뀌어야 한다.

내 경우, 2년 가까이 운동을 하지만 몸무게는 예전과 별 차이가 없다. 처음에는 몇 킬로그램 줄더니 지금은 원위치가 됐다. 하지만 몸매는 달라졌다. 어깨는 넓어지고, 허리는 가늘어지고, 허벅지는 탄탄해졌다. 건강하고 싶은가? 몸에 대해 공부하라. 소중한 내 몸을 함부로 외주 주지 말라. 그게 정말 나 자신을 사랑하는 길이다.

지식 노동자일수록 운동이 필요하다

북한산 등반 후 시원한 음료수를 마실 때 어떤 기분인가? 날아가고 싶을 것이다. 한강변을 몇 킬로미터 달려 땀으로 온 몸을 흠뻑 적신 후에 느껴지는 상쾌함은 어떤가? 그때도 여전히 오르지 않는 주가, 부실한 매출과 이익 때문에 걱정이 되고, 삶이 우울해질까? 아마 그러기는 쉽지 않을 것이다. 세상에 더 이상 부러운 것이 없고 자신감이 넘치게 될 테니까.

현대인은 너무 편하고 풍요롭다. 그리고 거의 움직이지 않는다. 자동차가 늘면서 이런 증상은 더욱 심해졌다. 많이 먹고 별로 움직이지 않다 보니 남은 칼로리는 모두 살로 가고, 뚱뚱해진다. 살이 붙으니 더 게을러지고 움직이기 싫어진다. 살은 가속적으로 붙고 그 스트레스로 더 먹어대고 차만 타고 싶어진다. 그야말로 악순환의 연속이다. 운동을 하지 않고 움직이기 싫어하면 단순히 비만이 되는 것으로 그치지 않는다. 그보다 정신적으로 황폐해진다는 것이 더욱 문제이다.

내가 아는 김 사장은 채용기준에 운동을 반드시 넣는다. 물론 운동만 잘 한다고 채용이 되는 것은 아니지만 같은 조건이면 운동 잘 하는 사람을 뽑는다는 얘기이다. 이유는 운동 잘 하는 사람은 성격도 좋을 확률이 높다는 것이다.

조지 쉬언이 지은《달리기와 존재하기Running & Being》는 달리기 분야의 바이블과 같은 책이다. 제목에 달리기란 말이 있으니 운동에 관한 책이라고 오해하겠지만 사실은 명상록에 가깝다. 운동은 좋은 심성을 만들고 사람을 자유롭게 한다. 운동을 통해 인간은 자유로워진다. 운동을 할 때, 인간은 자신에게 얼마나 많은 가능성이 감춰져 있는지 알게 된다. 운동은 다른 어떤 행위보다 우리가 어떤 존재인지를 알게 한다.

또한 운동은 최고의 성과를 내게 한다. 몸을 움직이지 않고 책상에 계속 붙어 있으면 머리가 띵해진다. 집안에서 하루 종일 뒹굴어도 같은 현상이 벌어진다. 하지만 운동으로 땀을 빼면 새로운 에너지가 넘치게 된다. 집중력을 발휘하기도 쉽다.

지식 노동자가 최대의 성과를 내기 위해서는 몸에 신경을 써야 한다. 무엇보다 운동은 최상의 명상도구이다. 달리다 보면, 그리고 산을 오르고 산책을 하다 보면 생각이 정리된다. 헨리 소로우는 산책한 시간만큼만 글을 썼다. 집안에 틀어박혀 있을 때는 단 한 줄도 쓰지 못했다. 이를 볼 때 운동과 명상은 분명히 하나로 연결된다. "가능한 한 앉아서 지내지 마라. 자연 속에서 자유롭게 몸을 움직이면서 얻은 게 아니라면 어떤 사상도 믿지 마라." 니체의 말이다.

도올 김용옥 선생은 이렇게 썼다.

"불교의 삼학三學은 계戒, 정定, 혜慧이다. '계戒'란 계율을 말한다. 계율戒律은 번잡한 타부taboo가 아니라, 우리 몸의 훈련discipline을 말한다. 자기 몸을 갈고 닦는 것이다. '정定'은 선禪과 같은 의미로 고요히 마음을 가라앉히고 생각하는 것이다. 즉, 주의집중attention이다. 주목하고 통일하기이다. 육체와 분리된 정신만의 통일이 아니라 온몸으로 집중하는 것을 말한다. 독서삼매가 전형적인 예이다. '혜慧'는 앎이다. 세계와 우주, 그리고 인간의 모든 것에 관한 바른 통찰이다. 앎을 통하지 않는 지혜라는 것은 있을 수 없다. 계와 정과 혜는 분리할 수 없고 서로가 서로를 위한 것이다. 즉, 건강한 신체가 없으면 집중을 할 수 없고 건강한 신체가 있어도 지식과 깨달음이 없으면 소용이 없다. 이런 것들은 집중과 명상을 통해 점점 발전하게 되는 것이다."

흔히 건강을 위해 운동한다는 얘기들을 많이 한다. 살을 빼려고 억지로 하는 경우도 있다. 하지만 억지로 하는 운동이 몸에 좋을 리 없다. 진정한 운동을 위해서는 운동을 즐겨야 한다. 아이들처럼 목적을 묻지 않고 재미있고 신 나게 노는 것이다. 건강을 위해 뛰는 것보다는 그저 재미있게 뛰고 산책하고 등산을 하는 것이다. 그러다 보면 나도 모르게 건강해진다. "억지로 몸을 움직여야 한다면 그 무슨 일이든 그것은 노동이며, 억지로 몸을 움직일 필요가 없다면 무슨 일이든 그것은 놀이다." 마크 트웨인의 얘기다.

머리만 지나치게 사용하고 몸을 쓰지 않는 현대인은 분명 정상이 아니다. 이를 바로 잡을 수 있는 방법이 바로 운동이다. 사람은 운동을 통해 새롭게 태어날 수 있다. 운동은 우리를 자유롭게 하고, 능력을 최대한 발휘하게 해준다. 운동은 치유이다. 운동은 죄인이 성자로 바뀔 수 있고 평범한 사람이 영웅으로 다시 살 수 있는 가능성을 만들어 낸다. 운동을 통해 우리는 이 세계와 하나 되고, 자신의 숨겨진 모든 능력을 발휘할 수 있게 된다. 최적 경험인 것이다. 운동을 통해 자유롭고 즐거운 삶을 즐기길 바란다.

아프지 않으면 성장하지 않는다.
모든 운동은 한계상황까지 해야 한다.
단순히 많이 하는 게 아니라 힘에 부쳐서 더 이상 하기 힘들 정도까지 해야 한다.
힘이 들 때부터 근육이 생기기 시작한다.
그 전에 근육은 결코 생기지 않는다.
그러므로 힘이 들면 기뻐하고, 힘이 들지 않으면 슬퍼하라.

무라카미
하루키
이야기

일본 소설가 무라카미 하루키를 보면 몸 만들기와 일의 상관관계를 알 수 있다. 그가 이렇게 롱런할 수 있는 것도 다 몸이 받쳐 주기 때문이다. 그가 쓴 자전적 에세이 《달리기를 말할 때 내가 하고 싶은 이야기》에는 몸, 그리고 달리기에 대한 그의 분명한 철학이 담겨 있다.

그는 자유로운 영혼을 가진 사람이다. 전 세계에 열성 팬이 많고 세계적인 지명도도 있지만 번잡한 것보다 조용히 살려고 노력한다. 마라톤을 좋아하고 재즈에 일가견을 갖고 있다. LP판 모으는 게 취미다. 일본어로 글을 쓰지만 영어로 강연을 하고 번역도 한다. 노벨상 후보자로도 여러 번 거론되었다. 그는 1949년에 태어나 와세다 대학을 나왔으니 우리 나이로 환갑이 넘었다. 하지만 청년 같은 외모를 갖고 있다. 얼굴뿐 아니라 몸매도 그렇고 생각도 그렇다. 글에서 전혀 나이가 느껴지지 않는다.

어떤 기자가 그에게 젊어 보이는 이유를 묻자 이렇게 답했다. "세 가지 때문입니다. 첫째, 출근을 하지 않습니다. 둘째, 넥타이를 매지 않습니다. 셋째, 상사가 없습니다." 한 마디로 자유롭게 살기 때문이라는 것이다. 내가 보기에는 무엇보다 하고 싶은 것을 하면서 살기 때문인 것 같다. 자기 몸이 하는 소리를 잘 듣고 몸이 하는 대로 하기 때문이다. 그가 과일을 많이 먹는 것도 몸이 그렇게 해 달라고 하기 때문이란다. 낮잠도 그렇다. 점심을 먹은 뒤엔 졸음을 느끼고 소파에 아무렇게나 드러누워 그대로 잔다. 보통 사람들은 하기 힘든 일이지만 그렇게 할 수만 있다면 상팔자 아닌가?

또한 그는 달리기광이다. 취미 생활의 수준을 넘어섰다. 그는 33세인 1982년 이후 매년 마라톤대회에 참가했다. 그리스의 마라톤평야에서도 마라톤을 했다. 1996년에는 100킬로미터를 달리는 울트라 마라톤을 완주하기도 했다. 그가 이렇듯 미친 듯이 달리는 이유는 과연 무얼까?

그의 말이다. "소설가로서 가장 중요한 자질은 우선 재능입니다. 다음은 집중력입니다. 자신이 지닌 한정된 양의 재능을 필요한 곳에 집약해서 쏟아붓는 능력입니다. 저는 평균 하루에 3시간 내지 4시간 아침나절에 집중해서 일을 합니다. 책상에 앉아서 제가 쓰고 있는 일에만 의식을 집중합니다. 다음은 지속력입니다. 집중력과 지속력은 트레이닝에 의해 후천적으로 획득할 수 있습니다.”

그가 달리는 핵심적인 이유는 건강과 직업 때문이다. 그의 고백이다. “제가 살찌기 쉬운 체질로 태어났다는 것은 행운입니다. 제 경우 매일 열심히 운동하고 식사에 유의하고 절제하지 않으면 안 됩니다. 조금만 방심하면 금방 몸이 불어납니다. 골치 아픈 인생입니다. 그러나 덕분에 운동을 열심히 하고 몸이 건강해졌습니다. 노화도 줄여줍니다. 오히려 가만 있어도 살이 찌지 않는 사람은 운동과 식사에 별 신경을 쓰지 않습니다. 필요가 없는데 무엇 때문에 운동을 하겠습니까? 그래서 더 위험합니다. 제게 달린다는 행위는 습관이고 생활입니다. 오랫동안 달리기를 하면 신체 근육의 배치가 완전히 달라집니다. 매일 운동을 하면 자연스럽게 적정 체중이 유지됩니다. 몸이 멋지게 변하는 모습을 보는 것은 기분 좋은 일입니다. 근육은 붙기 어렵고 빠지기는 쉽습니다. 군살은 붙기 쉽고 빠지기는 어렵습니다. 짜증 나는 일이지만 사실입니다.” 그가 얼마나 몸에 대해 생각을 하는지 알 수 있다.

그가 얘기하는 달리기의 이점이다. 우선 동료나 상대를 필요로 하지 않는다. 특별한 도구나 장비도 필요 없다. 특별한 장소까지 가지 않아도 된다. 달리기를 시작하면 담배를 끊을 수 있다. 무엇보다 달리기가 적성에 적합하기 때문이다. 그의 말이다.

“저는 자신을 의식하고 늘 과거의 자신을 극복하기 위해 애씁니다. 달리기에서 이겨야 할 상대가 있다면 그것은 바로 과거의 제 자신입니다. 다른 사람을 상대로 이기든 지든 저는 신경 쓰지 않습니다. 그보다는 제 자신이 설정한 기준을 만족시킬 수 있는가 없는가에 관심을 둡니다. 작품이 제가 설정한 기준에 도달했는가 못했는가가 무엇보다 중요합니다. 또 혼자 있는 것을 좋아합니다. 혼자 있는 게 고통스럽지 않습니다. 그런 의미에서 소설을 쓰는 것은 마라톤 풀코스를 뛰는 것과 비슷합니다. 제게 잘 맞습니다. 달리는 동안은 얘기하지 않아도 괜찮고 누구의 얘기도 듣지 않아도 됩니다. 그저 주위 풍경을 바라보고, 자기 자신을 응시하면 됩니다. 그것은 무엇과도 바꿀 수 없는 귀중한 시간입니다. 실제 달릴 때 저는 아무것도 생각하지 않습니다.”

그는 자유인이다. 남보다는 자신의 목소리에 귀를 기울인다. 자신의 생각을 남에게 강요하지도 않는다. 그래서 친근감과 진정성이 느껴진다. 달리기에 대한 그의 생각이다.

“달린다는 것은 의지의 강약과는 별 관계가 없습니다. 내가 달리는 이유는 달리는 것이 성격에 맞기 때문입니다. 그다지 고통스럽지 않습니다. 인간이란 존재는 좋아하는 것은 계속할 수 있고, 좋아하지 않는 것은 계속할 수 없습니다. 아무리 의지가 강해도, 아무리 지는 것을 싫어해도, 마음에 들지 않는 일을 오래 계속할 수는 없습니다. 저는 누군가에게 달리기를 권한 적이 한 번도 없습니다. 마라톤은 만인을 위한 스포츠는 아닙니다. 소설가가 만인을 위한 직업이 아닌 것과 같습니다.”

장편소설을 쓰는 것은 육체노동이다. 글을 쓴다는 것 자체가 엄청난 두뇌노동이다. 신경을 레이저 광선처럼 한 곳에 집중하고, 무의 지평에서 상상력을 발휘해 이야기를 만들고 적합한 단어를 선택해 전체 흐름을 계속 유지시켜야 한다. 젊은 시절에 멋진 작품을 썼던 거장이 나이가 들면서 조로하는 이유는 체력이 따라주지 못하기 때문이다.

이처럼 운동은 운동선수만을 위한 것이 아니다. 지식노동자일수록 철저한 운동이 필요하다. 하루키가 운동을 하는 이유는 오랫동안 소설을 쓰기 위해서다. 창조적 활동을 위해서는 에너지와 기초체력 강화가 필요하기 때문이다. 오랫동안 지식노동자로 살아가려면 기본을 잘 다져야 한다. 당신은 어떠한가?

운동은
아름다움의
원천

매년 5월이면 대전 현충원에 계시는 아버님 기일에 맞춰 온 가족
이 모인다. 그날 군의관과 결혼한 조카가 두 살짜리 남자아이 예
준이를 데리고 참석했다. 간단히 성묘를 마치고 근처 음식점으로
이동해 식사를 하는데 옆 테이블에 깜찍하고 예쁜 여자애가 예
준이 쪽으로 왔다. 그런데 예준이가 눈을 떼지 못한다. 거의 30분
이상 그 아이만 쳐다봤다. 이를 본 조카가 이렇게 얘기했다. "우
리 동네는 촌이고 군인들만 있는 동네라 예쁜 여자애가 없어요.
다들 촌스럽고 못 생겼어요. 여자애들이 예준이한테 와도 아이는
눈길 한번 주지 않았죠. 그래서 전 예준이가 여자애를 싫어하는
줄 알았어요. 오늘 보니 아니네요. 예쁜 여자는 엄청 좋아하는 것
같네요." 이를 보고 다들 얼마나 웃었는지 모른다.

발달심리학자 앨런 슬레이터Alan Slater는 1998년 "신생아가

선호하는 매력적인 얼굴"이란 제목으로, 짧게는 태어난 지 14시간이 지난 아기로부터 길게는 엿새가 된 아기들까지를 대상으로 그들이 어떤 사람을 매력적으로 생각하는지를 연구해 발표했다. 그 결과 아기들은 거의 3분의 2에 달하는 시간을 성인들도 대부분 매력적이라고 인정하는 얼굴을 보는 데 할애했다. 이처럼 아름다운 외모에 끌리는 것은 남녀노소를 불문하고 인간의 본능이다. 여성들이 외모에 집착하는 것을 비판하기 어려운 이유다.

과연 아름다움이란 무엇일까? 주관적일까, 아니면 객관적일까? 결론은 객관적이다. 내게 아름다운 사람은 다른 사람 눈에도 아름답게 보인다. 개인 호감도 평가사이트 '핫오워낫Hot or not' hotornot.com이 그런 일을 한다. 사진을 올려놓고 거기에 투표를 하는 방식으로 아름다움을 측정하는데 결과를 보면 사람 눈은 대부분 비슷하다는 사실을 알 수 있다. 미를 평가하는 기준은 기막히게 일치한다. 사진이 아닌 동영상으로 보거나 실물로 직접 보는 상황에서는 더더욱 일치한다. 올림픽에서의 기계체조 경기와 같다. 채점자에 따라 평가가 다르긴 하지만 결국 누구나 수긍할 만한 점수가 나온다(울리히 렌츠,《아름다움의 과학》중에서).

아름다운 것은 젊어 보인다. 늙어 보이는 사람을 보면서 아름다움을 느끼기는 쉽지 않다. 일부러 늙어 보이려고 애쓰는 사람은 없다. 다들 젊어 보이기 위해서라면 영혼이라도 팔 것 같은 기세다. 젊어 보인다는 것은 그만큼 건강하다는 증거다. 나이보다 늙어 보이는 사람은 실제 몸이 그만큼 늙어 있는 경우가 많다.

그런 사람들은 질병발생률, 사망률 등 모든 면에서 젊어 보이는 사람보다 위험성이 훨씬 높은 편이다.

아름다움은 피부와도 관련이 있다. 인물이 조금 떨어져도 피부가 매끈하면 예뻐 보인다. 이목구비가 뚜렷하고 예쁘게 생겼어도 피부가 칙칙하면 매력은 떨어진다. 아름다움의 핵심은 피부다. 그래서 피부는 권력이란 말까지 등장했다. 운동을 하고 나면 피부가 좋아진다. 스스로 느낄 수 있다. 내가 다니는 헬스 코치들은 다들 완벽한 피부를 가지고 있다. 태생적으로 좋은지, 후천적인지는 모르겠지만 운동 습관이 피부에 일조했다는 사실은 확실하다.

아름다움은 표정이다. 표정은 아름다움에 결정적 역할을 한다. 사람이 늙으면 표정에 변화가 없어진다. 탤런트는 표정 변화로 먹고 사는 직업이다. 상황에 따라 수없이 다양한 표정을 만들어낸다. 아무리 피부가 좋고, 몸매가 끝내줘도 표정 변화가 없으면 매력이 떨어진다. 그런 면에선 성형이 매우 위험하다. 성형을 한 사람은 뭔가 이상하다. 표정이 자연스럽지 못하다. 어떤 때는 마네킹과 앉아 있는 느낌을 주기도 한다.

아름다움은 좋은 몸매다. 잘록한 허리에 좋은 몸매를 가진 사람을 보면 기분이 좋아진다. 반면 만삭에 가까운 허리를 한 아저씨는 보는 것만으로도 숨이 막힌다. 그런 몸에는 명품을 걸쳐도 그저 그렇다. 몸매 자체가 그 사람이 어떤 사람인지를 잘 보여준다.

여러분은 스스로를 어떻게 평가하는가? 아름답다고 생각하는가? 아니면 불만스러운가? 젊어 보이는 얼굴, 다양한 표정, 좋은 몸매와 피부의 공통점은 바로 건강함이다. 건강이 뒷받침될 때 결과물로 따라오는 것이다. 주어진 얼굴은 바꿀 수 없지만 몸과 몸매는 바꿀 수 있다. 운동을 통해 이런 아름다움을 얻을 수 있다.

몸을 괴롭히면
마음은
정리된다

화가 나면 '열 받았다, 뚜껑이 열렸다'는 말을 한다. 자동차가 열 받으면 라디에이터 뚜껑이 열린다. 열 받은 자동차를 식히기 위한 최선의 방법은 식게 놔두는 것이다. 뜨겁게 달아오른 라디에이터에 물을 부으면 물이 튀어 사람이 다친다. 최선은 가만히 놔두는 것이다. 식은 후 문제를 찾아 고치면 된다.

인간이 열을 받았을 때는 어떻게 하는 게 최선일까? 자동차와 비슷하다. 우선은 가만히 있으면서 열을 식혀야 한다. 괜히 말을 거는 것도 피해야 한다. 최악은 술을 마시는 것이다. 술은 불火에 해당한다. 화난 상태에서 술을 마시는 것은 불난 집에 기름을 붓는 것과 같다. 일종의 자해행위다. 기분 좋을 때 한 잔의 술은 약이 될 수도 있지만, 화난 상태에서 마시는 술은 그대로 독이 된다. 그런데 우리나라 드라마 작가들은 전 국민을 상대로 자해행위를 홍보한다. 드라마 주인공을 보면 화만 나면 술을 마신다. 화난 사람이 소주 병나발을 부는 장면을 볼 때마다 정말 안타깝다.

여러분은 자주 화를 내는가? 화가 나면 어떤 행동을 하는가? 술을 퍼 마시고, 주변에 그 화를 미친 듯이 뿜어내는가? 건강관리에 있어 최악은 열을 받는 것이다. 자주 열을 받으면 그만큼 수명이 단축된다. 엄청난 에너지가 소모되기 때문이다. 무협지에서 고수들은 주화입마走火入魔의 단계에 들어서는 것을 가장 두려워한다. 쉬운 말로 열받는다는 것이고, 머리가 뜨거워지는 일이다.

우리 같은 일반인은 시험을 볼 때 가끔 경험한다. 어려운 문제를 풀려고 노력할 때 자주 나타난다. 이를 해소하기 위해서는 열을 내려야 한다. 이를 한의학에서는 수승화강水昇火降이라고 한다. 물을 위로 올려 열을 식힌다는 뜻이다. 만병의 원인 스트레스 역시 수승화강이 안 되기 때문에 생긴다. 위는 뜨겁고 아래는 차가우면 머리엔 쓸데없는 생각이 꼬리에 꼬리를 물게 된다. 그 상태에서 가만히 있으면 몸은 한없이 늘어진다. 몸은 가만히 두고 쓸데없는 생각을 자꾸 하면 그 생각이 확대재생산 되면서 나중엔 사소한 일에도 스트레스의 노예가 된다. 몸과 마음이 다 망가진다.

열을 잘 받는 사람들은 미성숙한 사람이다. 건강치 못한 사람이다. 건강이 나쁘면 쉽게 화가 나고, 화를 잘 내다 보면 건강이 나빠진다. 악순환이다. 최선은 화를 잘 다스리는 것이다. 화는 바로바로 그때그때 식혀야 한다. 방법은 여럿 있다. 먹는 것도 방법이다. 삼성의 이병철 회장은 수승화강을 위해 저녁은 주로 메밀국수를 먹었다고 한다. 메밀은 찬 음식이라 열을 식히는 효능이 있기 때문이다. 명상도 방법이다. 가만히 앉아 호흡을 들여다보면서 10분만 있어도 화는 어느새 사라진다. 최선은 마음 대신 몸을 쓰는 것이다. 화가 난 주부들이 빨래를 하고, 청소를 하고, 온 집안을 다 치우는 경우가 있는데 아주 현명한 방법이다. 사우나에 가서 스트레칭을 하면서 찬물을 뒤집어쓰는 것도 권할 만하다. 또한 걷는 것도 추천한다. 조금 화가 났다면 조금만 걸어도 풀린다. 많이 화가 나면 많이 걸으면 된다.

마음이 괴로운가? 사는 게 힘든가? 최선의 치료법은 몸을 괴롭히는 것이다. 인수봉 암벽에 매달려 보라. 자일을 놓치면 천길 낭떠러지로 떨어질 수도 있다. 하루 종일 북한산을 타보라. 지리산 종주를 해보라. 1박2일간 올레길을 걸어 보라. 한강변을 한없이 걸어 보라. 한강에서 춘천까지 자전거로 달려 보라. 시간이 없으면 헬스장에서 철봉에 매달려 턱걸이를 스무 번 해보라. 푸쉬업을 200개쯤 해보라. 그리고 나서도 계속 화가 나면 정말 당신은 화가 난 것이다. 쓸데없는 화로 당신 몸을 축내지 마라. 언젠가 당신 몸이 반란을 일으킬 수 있다.

근육이
중요한
이유

오래전, 딸들이 유치원 다닐 때의 일이다. 운동회가 열렸는데 그 중 아빠들 달리기 순서가 있었다. 참석할 수밖에 없었다. 옆을 보니 쌩쌩했다. 나보다 몇 살은 젊어 보였다. 열심히 뛰었는데 내 앞에 발군의 선수가 하나 있었다. 근데 결승점을 앞두고 그가 넘어지는 바람에 내가 일등을 했다. 그래서 배드민턴채를 선물로 받았다. 나중에 넘어진 아저씨가 이렇게 말했다. "예전에는 잘 뛰었습니다. 선수라는 소리까지 들었습니다. 그런데 오늘, 마음은 저만큼 앞서가는데 몸이 말을 듣지 않는 겁니다. 그래서 넘어졌습니다." 누구나 이런 경험을 했을 것이다. 마음은 있는데 몸이 말을 듣지 않는다. 핵심은 근육이다. 예전에 비해 근육이 줄었기 때문에 몸이 마음대로 움직이지 않는 것이다.

운동을 시작하기 전에 체지방검사를 했다. 당연히 복부 비만에 과체중으로 나왔다. 근육량 부족이다. 전문용어로 C자형 몸이란다. 분석표에 체중, 골격근량, 체지방량의 순서로 적는데 체중과 체지방이 높고 골격근량이 적으니 C자 모양을 하고 있다. 핵심은 명확했다. D자형으로 가야 했다. 체지방을 줄이고 근육을 키워야 한다. 아마 대부분의 중년 남성들은 비슷한 상태일 것이다. 코치는 내게 몇 가지 핵심 운동을 시켰다. 앉았다 일어서는 스쿼트, 허리를 편 채 역기를 드는 데드리프트, 윗몸 일으키기, 푸쉬업 등등. 운동하는 중간중간 운동하는 원리, 지금 하는 운동이 어디에 좋은지, 조심할 점은 무엇인지를 설명했다. 그 과정에서 내가 내 몸에 대해 얼마나 무지한지를 깨달았다. 나는 서서히 몸의 신비에 빠져들었다.

트레이너는 근육의 중요성을 강조했다. "나이가 들수록 근육이 중요합니다. 젊어서는 자연스럽게 생기는 근육이 나이가 들면서 급격히 사라지기 때문입니다. 중년 이후의 많은 병은 근육 부실로 생깁니다. 예를 들어, 디스크는 대부분 척추 주변 기립근이 약해지면서 생깁니다. 기립근을 강하게 하는 데는 데드리프트 같은 운동이 좋습니다. 일정 중량 이상 데드리프트를 할 수 있으면 절대 디스크는 오지 않습니다. 무릎이 삐그덕거리는 것은 연골이 마모되기 때문인데 이를 최소화하기 위해서는 무릎 주변 근육을 키우면 됩니다."

그러면서 골프 선수 게리 플레이어와 소렌스탐, 야구 투수 놀란 라이언의 공통점을 물어본다. 이들은 근육운동을 열심히 하는 선수들이다. 그 결과 나이 들어서까지 선수생활을 했다는 것이다. 옛날 골프선수들은 근육운동을 하지 않았다. 스윙에 방해가 된다고 생각했기 때문이다. 근데 이 선수들이 고정관념을 깼다. "나이가 들면 근육이 줄고 거리도 줄어든다. 그러면 다른 문제가 생긴다. 이를 극복하려면 인위적으로 근육량을 늘리는 수밖에 없다"고 생각한 두 선수는 웨이트트레이닝을 열심히 했고 그 결과 발군의 실력을 나타냈다. 전설적인 투수 라이언 역시 나이 들면서 찾아오는 노쇠현상을 웨이트트레이닝으로 극복하고 40대 중반까지 전성기를 누렸다.

나를 코치한 이기원 트레이너는 해부학을 공부하고 인체에 대해 많은 지식을 갖고 있었다. 처음부터 바로 운동을 시키지 않고 몇 가지 운동을 하게 하면서 나를 관찰했다. 어느 운동을 시키는 게 맞는지, 어느 정도 하중을 주어야 할지 등을 알아보기 위해서였다.

우리는 수많은 지식에 노출되어 있다. 하지만 정말 중요한 지식에는 깜깜한 경우가 많다. 바로 자기 몸에 대한 지식 말이다. 우리 몸을 이루고 있는 뼈가 몇 개인지 알고 있는가? 근육의 역할은 무엇이고, 이게 어떻게 만들어지는지, 어떻게 해야 내 몸을 관리할 수 있는지 알고 있는가? 현재 당신 근육의 상태는 어떤 정도인지 알고 있는가? 지금의 상태를 방치할 때 어떤 일이 일어날지 예상할 수 있는가? 이러한 질문들에 대한 답을 아는 것은 그 어떤 지식을 섭렵하는 것보다 중요하다.

근육에 대한 지식

근육에 대해 조금 더 이야기해 보자. 그동안 나는 몸 관리를 잘하는 축에 속했다. 과식하는 경우도 드물었고 고기를 즐기는 편도 아니었다. 차를 타는 대신 많이 걸었고 틈틈이 헬스를 다니면서 운동을 했다. 술도 먹긴 했지만 동년배보다는 훨씬 양이 적었다. 담배는 오래전에 끊었다. 하지만 나잇살은 어쩔 수 없었다. 똑같이 먹어도 배가 나오고 혈압도 올라가고 모든 게 나빠지고 있었다. 퇴행성으로 무릎이 삐그덕거렸고 오십견도 왔다. 몸이 안 좋으니 사람이 위축되고 활동량이 줄면서 더욱 몸이 안 좋아진다는 기분이 들었다. 뭔가 변화를 주어야 했다.

이럴 때 중요한 것이 있다. 출발점은 몸에 대한 지식이다. 알아야 한다. 아는 만큼 보이고 보여야 재미있고, 그래야 계속할 수 있다. 생각해 보니 그동안 헬스가 지겨웠던 것은 지식이 부족해서였다. '짐마일로'를 다니면서 몸에 대한 공부를 하기 시작했다. 많은 책을 구입해 읽고 사람들 얘기를 들었다. 여기에도 여러 가지 다양한 이론이 있고, 어떤 이론들은 상충되기도 한다. 그럼에도 불구하고 근육의 중요성에 대해서는 이론의 여지가 없다.

핵심은 심플하다. 정리하자면 대충 이런 내용이다. 젊어서는 성장호르몬 때문에 근육이 저절로 생긴다. 나이가 들면서 몸무게는 느는데 근육은 줄기 시작한다. 운동량이 줄면서 이런 현상은 가속화된다. 별다른 노력 없이 방치하면 대사증후군이 생긴다. 무릎이 아픈 것은 몸무게는 늘지만 몸무게를 떠받치는 무릎 근육은 약해지기 때문이다. 디스크가 오는 것도 비슷한 이유다. 늘어난 하중을 등뼈만으로 지탱하다 보니 무리가 오는 것이다. 내가 걸렸던 오십견도 어깨를 거의 사용하지 않았기 때문에 나타난 증상이었다.

누구나 알고 있는 상식이다. 문제는 너무나 명확하다. 문제점이 명확하면 해결책 또한 분명할 수밖에 없다. "먹는 걸 줄이고, 운동량을 늘리고, 근육을 키우면 된다. 끝." 여기까지는 누구나 안다. 그런데 이 간단한 문제를 해결하지 못해 대부분의 중년들은 남산만한 배를 갖고 다닌다. 고혈압, 고지혈증, 당뇨를 필수품으로 끼고 산다. 대한민국에서 살아가는 이상, 운명이라 받아들이고 체념한다. 난 그 정도는 아니었지만 경계선까지는 갔다.

내 목표는 아주 간단했다. "체지방을 줄이고 근육을 키우자." 핵심은 근육이다. 그런데 왜 근육이 중요할까?

2013년 1월 21일, 캐나다 캘거리에서 열린 스피드스케이팅 월드컵 6차 대회 여자 500m에서 이상화는 36초 80의 기록으로 우승했다. 라이벌 유징이 2012년 1월 세운 종전 기록 36초 94를 무려 0.14초 앞당긴 세계신기록이다. 한국 여자 선수가 세계 기록의 주인공이 된 것은 이상화가 처음이다. 이상화의 허벅지는 60cm다. 20대 남성보다 10cm 이상 굵다. 올림픽 금메달을 땄을 때보다 체중은 2.4kg 줄었지만 허벅지는 3cm 늘었다. 굵은 허벅지 덕분에 폭발적인 스타트를 할 수 있었고 덕분에 세계신기록이 가능했다. 몸무게는 줄었지만 허벅지가 굵어졌다는 것은 체지방은 줄었고 근력이 늘었다는 뜻이다. 몸무게는 줄었지만 힘이 좋아졌으니 기록이 좋아지는 것은 당연한 일이다.

근육은 힘살이다. 근육이 있어야 힘을 쓸 수 있다. 현재 당신의 근육 상태는 어떤가? 내 경우는 평균 이하였다. 체지방은 평균 이상이었다. 젊은 시절부터 꾸준히 운동을 열심히 한 사람은 다소 뚱뚱해도 근육량이 많다. 체질적으로 근육이 많은 사람도 있다. 하지만 대부분은 나처럼 체지방은 많고 근육은 부족하다. 나이가 들면 별다른 노력을 하지 않는 한 몸은 이런 식으로 변한다. 변할 수밖에 없다. 신진대사가 부실해지면서 똑같이 먹어도 태우지 못하니 남은 열량이 지방으로 간다. 배는 나오고 다리는 가늘어진다. 올챙이 몸매로 바뀐다.

임신을 한 조카가 있었다. 태아가 자꾸 나오려고 해서 출산 전 몇 달을 병원에 누워 지냈다. 그런데 출산 후 걷기까지 며칠의 시간이 필요했다. 누워 있는 바람에 다리 근육이 다 풀렸기 때문이다. 건강하던 사람도 몇 달간 누워만 있으면 이런 일이 벌어진다. 이처럼 건강의 핵심은 근육의 양과 질이다. 몸이 젊다는 건 근육량이 많다는 걸 의미한다. 늙는다는 건 거꾸로 근육량이 준다는 걸 말한다. 나이가 젊어도 노인 몸을 한 사람이 있고, 나이는 먹었어도 몸이 젊은 사람이 있다. 핵심은 근육량에 있다.

근육이 늘어나면 신진대사량이 높아진다. 똑같은 양을 먹어도 높아진 대사량 덕분에 살이 잘 찌지 않는다. 그래서 근육을 키우지 않고 마냥 굶는 것은 어리석은 일이다. 그냥 밥을 굶거나 줄이면 체지방 대신 근육과 수분이 빠진다. 신진대사량이 줄면서 같은 양을 먹어도 살이 찐다. 이것이 요요 현상이다. 빠질 곳은 빠지지 않고 안 빠져야 할 곳이 빠진다. 몸매도 나빠진다. 반면 근육을 키우면 몸매가 살아난다. 옷맵시도 산다. 얼마 전에 청바지의 허리 둘레를 다 줄였다. 이번 여름에는 청바지에 티셔츠만 걸치고 다닐 예정이다.

차를
마셔라

난 물을 많이 마시는 편이다. 일어나서부터 잘 때까지 늘 물을 옆에 끼고 산다. 강의 중에도 생수 한 병은 거뜬히 마신다. 긴 강의 때는 두 병을 마시는 경우도 있다. 당뇨가 있냐고 물어보는 사람도 있을 정도다. 들고 다니는 백팩에는 늘 생수가 들어 있다. 특별한 이유가 있는 것도 아니고 건강을 위해서도 아니다. 단지 물이 마시고 싶어서다. 예전에는 찬물을 선호하다가 찬물이 몸에 좋지 않다는 얘기를 들은 후 요즘은 미지근한 물을 주로 마신다.

수년 전부터는 차에 재미를 들이기 시작했다. 새벽에 일어나 눈을 뜨자마자 찻물을 데운다. 창문을 열고 컴퓨터를 켜고 샤워를 한다. 샤워가 끝난 후 텀블러에 차를 넣고 뜨거운 물을 넣은 후 서재에 들어가 일을 시작한다. 뜨거운 차를 작은 잔에 나누어 마시는데 두 잔쯤 마시면 속이 데워지면서 기분이 좋아진다. 머리가 맑아지고 행복이 몰려온다. 새벽에 창을 열고 뜨거운 차를 마실 때의 느낌이 참 좋다.

차 종류는 그때그때 바꾼다. 지인이 준 보이차가 정말 좋았다. 보이차는 첫 물은 버리라고 한다. 흙 냄새가 나기 때문이란다. 보이차는 단계에 따라 맛이 달라지는 묘미가 있다. 본격적으로 우러나기 전에는 조금 심심하다. 두 번째가 제일 맛이 좋다. 세 번째는 맛이 옅어진다. 보통 세 번 정도 우려먹고 버린다. 처음에는 보이차 맛이 낯설어 마시지 않았다. 그런데 마실수록 약간 중독되는 것 같다. 발효차라 그런가? 지리산 작설차도 좋아한다. 오묘한 맛이 난다. 중국에 가서 사온 구체구차도 즐겨 마신다. 그 외에 연잎차, 카모마일 같은 차도 좋아한다. 생강차도 좋아하는 차 중 하나다. 그걸 마시면 온 몸이 더워지는데 그 느낌이 참 좋다. 몸 구석구석에서 건강한 화학반응이 일어나는 느낌이다. 오후에 머리가 띵할 때는 커피도 마신다. 아직 커피 맛은 잘 모르는데 아내가 워낙 커피를 좋아해 한두 모금씩 얻어 마시다 보니 조금 익숙해졌다. 내가 제일 좋아하는 차는 롯데호텔 찻집에서 파는 행복차다. 조금 비싼 편인데 분위기가 고즈넉하고 차 맛이 좋아 조용히 얘길 나누고 싶을 때 애용하는 집이다. 행복차를 마시면 정말 행복해지는 걸 느낀다.

차는 건강에 좋다. 홍혜걸은 〈생로병사의 비밀〉에서 녹차를 인체의 파수꾼이라 불렀다. 그러면서 다음과 같은 얘기를 한다. "40세를 불혹, 50세를 지천명, 60세를 이순, 70세를 고희라고들

한다. 거기에 더해 77세를 희수_{喜壽}, 88세면 미수_{米壽}, 99세면 백수_{白壽}라 한다. 그런데 '차수'_{茶壽}라는 말이 있다. 108세를 말한다. 수명을 뜻하는 한자어로는 최고령의 위치를 차지한다. 한자의 차는 모양상 十十(20)에 八十八(88)을 보태어 108세가 되기 때문이다. 그만큼 차가 건강에 좋다는 말이다. 녹차가 암을 예방하는 효과를 내는 것은 유해산소 혹은 활성산소라는 물질을 차단하기 때문이다. 유해산소는 산소 화합물이 잉여 전자를 지녀 화학적으로 대단히 불안정한 프리래디칼free radicals(세포를 공격, 노화시키는 물질을 통틀어 이르는 말)의 일종이다. 인체는 산소를 통해 생명을 영위하지만 산소로 인해 노화가 진행되고 각종 질병이나 죽음까지 초래한다. 그런데 녹차 속의 카테킨cathchin 성분은 이러한 유해산소를 무력화시킨다."

어떤 일이든 두 시간 이상 계속하기는 쉽지 않다. 중간중간 기분전환을 위한 시간과 수단이 필요하다. 여러분은 어떤 방식으로 기분전환을 하는가? 여러 가지가 있다. 스트레칭, 게임하기, 잠시 조는 것, 운동, 담배나 술, 사우나, 수다 떨기 등등. 그중 가장 비용이 적게 들고 건강에 좋은 것은 단연 차 마시기다. 커피와는 다른 기분이다. 차를 마시면 이전과 이후의 차이가 크게 난다. 차를 마시면 안이 따뜻해지는 걸 느낄 수 있다. 그 따스함이 머리까지 전해진다. 산만했던 머리도 맑아지고 차분해진다. 기분도 좋아진다. 나는 술도 좋아하고 차도 좋아한다. 하지만 술은 후유증이 크고 차는 후유증이 없다. 나이가 들수록 술 대신 차를 마시는 건 어떤지.

"가능한 한 앉아서 지내지 마라.
자연 속에서 자유롭게 몸을 움직이면서 얻은 게 아니라면 어떤 사상도 믿지 마라."
- 니체

"가능한 한 앉아서 지내지 마라.
자연 속에서 자유롭게 몸을 움직이면서 얻은 게 아니라면 어떤 사상도 믿지 마라."
- 니체

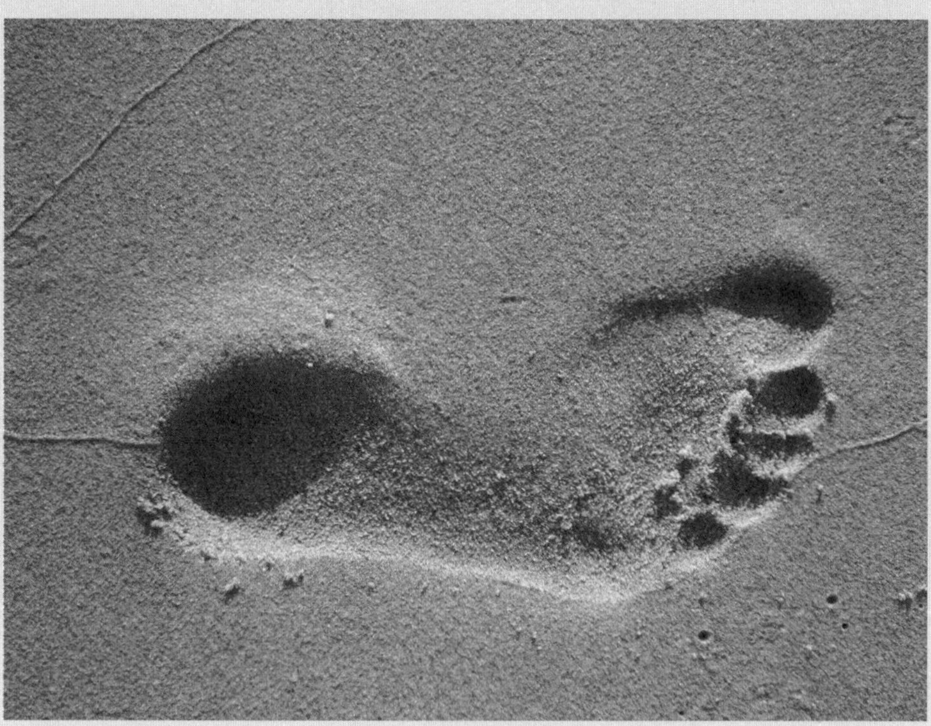

빈속의
편안함

몸에 대해 공부할수록 신비하다는 생각이 든다. 몸은 최적화를 위해 최선을 다한다. 근시와 원시가 그렇다. 근시는 인류 역사상 최근 들어 생긴 질병이다. 멀리 볼 필요성이 줄어들고 가까이 있는 책이나 텔레비전 같은 것이 늘면서 몸이 거기에 맞게 적응을 한 것이다. 몽고에는 시력이 3.0이나 4.0인 사람이 많다. 넓은 초원에서 멀리 있는 것들을 자주 보다 보면서 자연스럽게 거기에 적응한 결과다. 하지만 몽고의 물질문명이 발전해 우리 같은 생활양식을 갖게 된다면 그들의 몸 또한 변할 것이다. 마찬가지로 당뇨병은 너무 많이 먹어 생긴 병이다. 너무 많이 먹으니까 아무리 먹어도 살이 찌지 않는 몸을 만들기 위해 몸이 노력한 결과다. 눈이나 다리 같은 포식기관을 퇴화시켜 더 이상 먹이를 찾지 못하게 만드는 것이다.

지금 세상은 먹어서 생기는 병으로 차고 넘친다. 비만이 대표적이다. "평생 옆구리와 허벅지에 붙어 살던 살들과 눈물을 흘리며 이별한다. 그렇게 떨어지지 않으려고 했지만 이제 떨어진다." 모 비만병원의 광고다. 그런데 그 병원 앞에는 위밴드 수술, 지방흡입술 홍보 현수막이 크게 붙어 있다. 운동이나 식이요법이 아닌 물리적인 수술로 살을 빼주는 모양이다. 단기적으로 살은 빠지겠지만, 습관을 바꾸지 않는데 저런 처방이 얼마나 갈까 생각이 들면서도, 얼마나 살을 빼고 싶으면 저렇게까지 할까 하는 마음도 든다. 우후죽순처럼 생기는 비만전문병원이 다 먹고 산다는 것은 그만큼 수요가 있다는 반증이다.

사실 나에게도 식도락 기질이 있다. 맛난 것을 찾아 먹는 것은 그 무엇과도 바꿀 수 없는 큰 기쁨이다. 비빔밥으로 유명한 진주 중앙식당, 군산의 일해옥과 내갈비, 예산의 소복식당, 천북면의 터가든 등은 내가 제일 좋아하는 식당들이다. 차를 타고 두세 시간을 가야 하기에 망정이지 옆 동네에 있었다면 아마 정상적인 생활이 되지 않았을 것이다. 티라미슈 같은 디저트도 좋아해 어떤 때는 디저트 비용이 식사값보다 더 많이 나오는 경우도 있다. 단 것을 좋아해 수시로 초콜릿과 캐러멜을 사 먹는다. 특히 피곤하면 단 것이 당긴다. 어른 중 나처럼 단 것을 좋아하는 사람도 드물 것이다. 운동을 열심히 하지만 효과가 적은 이유가 이런 습관 때문인지도 모른다. 그만큼 먹는 즐거움은 크다.

몸을 만들면서 가장 힘든 것, 아니 지금도 맞춰나가기 힘든 것이 음식조절이다. 내가 좋아하는 건 대부분 참아야 했다. 하지 말라는 건 다 재미있다는 말처럼 먹지 말아야 할 것은 다 입에 달라붙는 음식이다. 고기를 별로 좋아하지 않아 조금 다행이긴 하다. 그런데 라면, 칼국수, 수제비, 빵 같은 밀가루 음식은 다르다. 이것을 참는 것은 쉽지 않다. 지금도 라면 먹는 광고를 보면 침이 넘어간다. 술도 그렇다. 직장생활을 하면서 약간의 알코올중독증세까지 생겼다. 2~3일만 안 먹어도 소주 생각이 났다. 운동한다고 몇 달간 저녁 약속을 안 하고 의도적으로 마시지 않았더니 요즘은 조금 나아졌다. 처음 몇 달은 의도적으로 음식조절을 했지만 요즘은 그렇게까지 하지는 않는다. 적게 먹는 게 어느 정도 습관이 됐고 본능적으로 나쁜 음식을 멀리하기도 하지만 일주일에 한 번은 의도적으로 방탕하게(?) 먹곤 한다. 여전히 음식의 유혹은 참기 어렵다.

저녁은 정말 가볍게 먹는다. 거지같이 먹는다. 미역국에 현미밥을 말아 아주 적게 먹거나, 고구마 한두 개와 과일을 먹거나, 아니면 우유와 함께 샐러드를 먹는다. 만찬을 즐기던 내게 이런 소박한 밥상은 처음에는 큰 고통이었다. 하지만 시간이 지나면서 생각이 달라졌다. 아니 몸이 달라졌다. 적게 먹으면 속이 편하고 조금 많이 먹으면 속이 부대꼈다. 배가 부를 때의 포만감도 즐겁지만 속이 비었을 때의 텅빈 충만감도 못지않았다. 하나를 잃으면 다른 하나를 얻는 것 같다. 난 저녁 포만의 즐거움은 잃었지만 대신 빈속의 편안함을 얻었다.

양을
줄여라

5년간 미국에서 공부하면서 가장 힘들었던 것 중 하나는 음식이
었다. 나뿐 아니다. 이것은 모든 유학생들의 공통점이다. 그래도
난 아내 덕분에 김치를 비롯해 웬만한 건 먹을 수 있어서 그렇게
까지 굶주리지 않았지만 총각들은 아니었다.

　한번은 콜로라도 덴버에 살던 유학생이 우리 학교로 전학을
와 집으로 초대를 했다. 그 친구는 1년간 한국음식 근처에도 못
가본 상태였다. 상에 놓인 김치를 보더니 환장을 한다. 순식간에
비우는 건 물론 국물까지 들이마셨다. 요샛말로 폭풍흡입이었다.

　나 역시 뉴욕에 가서 비슷한 행동을 했다. 양자강이란 중국
집엘 갔는데 짜장면을 보는 순간 이성을 잃었다. 미친 듯이 먹었
다. 한국식품점에서는 생선회를 보자 눈에 뵈는 게 없었다. 친한
친구들 얼굴이 떠올라 당시 거액인 100불을 투자해 회를 떠 아이
스박스에 실어 뉴욕에서 애크론까지 10시간을 운전해 날랐다. 도

착해 그 소식을 전하자 친구들이 바람처럼 달려와 미친 듯이 먹었다. 그만큼 음식은 우리 몸속에 깊이 새겨진 유전인자 같은 것이다.

하지만 건강을 위해서는 음식조절을 해야 한다. 좋은 음식도 정도껏 먹어야 한다. 과식은 나쁘고 소식이 좋다. 삼척동자도 다 아는 사실이지만 실천은 어렵다. 음식조절 하는 것은 담배 끊는 것 이상으로 힘들다. 먹는 게 남는 거다, 다 먹고 살자고 이러는 것이다, 먹고 죽은 귀신은 때깔도 좋다 등등 먹는 것을 합리화하는 말이 생겨난 이유다.

나 역시 자유롭지 못하다. 하지만 잊지 말아야 할 사실이 하나 있다. 이 맛난 음식을 계속 즐기기 위해서는 건강할 때 음식을 조절해야만 한다는 사실이다. 이 사실을 잊으면 더 이상 음식을 즐길 수 없는 날이 올지도 모른다.

모든 것은 변한다. 우리 몸도 변한다. 젊어서는 근육도 많고 활동량도 많아 이것저것 가리지 않고 먹어도 별 문제가 되지 않는다. 쇠도 씹어 삼킬 수 있을 정도이기 때문이다. 그러나 나이가 들면 몸이 변한다. 몸이 변하면 먹는 음식도 변해야 한다. 양도 종류도 변해야 한다.

젊은 시절, 나는 고로케, 돈가스 같은 튀긴 음식을 병적으로 좋아했다. 술도 맥주를 즐겨 마셨다. 하지만 언제부터인지 그런 음식을 먹으면 속이 불편해 요즘은 거의 먹지 않는다. 크림파스타도 좋아했지만 먹는 기쁨보다 먹은 후 고통이 커지면서 잘 먹지 않게 됐다. 맥주는 배가 불러 잘 먹지 않는다. 다 몸이 변한다는 증거다.

이렇게 몸은 변하는데 예전처럼 먹게 되면 문제가 생긴다. 암이 그렇다. '암癌'이란 한자를 보면 '입 구口'가 세 개 있다. 세 개의 입으로 아무거나 산더미처럼 먹어서 오는 질병이란 의미이다. 현대의 질병은 못 먹어서 생기는 게 아니라 너무 많이 먹는 데서 오는 것이다. 먹어도 너무 먹는다.

최고의 음식은 적게 먹는 것이다. 좋은 음식도 많이 먹으면 나쁜 음식이 된다. 속을 자꾸 채우는 것보다 속을 비우는 것이 좋다. 전문가들은 배고플 때 뱃속에서 나는 꼬르륵 소리가 최고의 건강 비결이자 동안 비결이라고 주장한다. 그 증거로 쥐와 원숭이를 대상으로 한 각종 실험데이터를 들이댄다. 적게 먹은 원숭이가 훨씬 젊어 보인다는 내용이다. 최근에 뱃속에서 꼬르륵 소리를 들어본 적이 있는가? 난 거의 기억나지 않는다. 과식으로 인한 트림소리는 자주 낸다. 음식을 줄여야 한다.

허기를 참는 일은 쉽지 않다. 그럴 때는 음식 먹는 순서를 바꾸면 도움이 된다. 이시형 박사가 운영하는 힐리언스 선마을에 가본 적이 있다. 거기서는 식사 전, 과일 같은 디저트를 먹는다. '뒤저트'가 아닌 '앞저트'다. 식탁 위에는 30분짜리 모래시계가 있다. 30분 동안 천천히 먹으라는 얘기이다. 엄청 긴 시간이다. 보통 사람들은 10분이면 끝난다. 목적은 단 한 가지, 양을 줄이기 위해서다. 이렇듯 순서만 바꾸어도, 식사를 천천히만 해도 양을 많이 줄일 수 있다. 허기를 줄일 수 있다.

병은 입을 통해 온다. 입은 불행의 문이다. "이 세상에서 가장 좋은 의사는 식이요법, 안전, 명랑이라는 의사다." 조나단 스위프트의 말이다.

먹는 게
당신이다

유학 시절 미국에서 뷔페를 몇 번 가본 적이 있다. 10불 정도 내면 무한대로 음식을 먹을 수 있는 곳이다. 그런 곳에는 유난히 뚱뚱한 사람들이 많다. 그들이 먹는 음식 양을 보면 도저히 인간이라고 믿어지지 않는다. 그 많은 음식이 다 들어가는 것이 놀랍고, 그것을 소화하는 것이 신기하고, 저러고도 살아간다는 것이 기적이란 생각이 든다. 마치 음식물을 먹어 삼키는 공장 같은 느낌이다. 그들을 볼 때마다 배고프지 않으면 먹지 않는 동물과 배가 고프지 않아도 먹는 인간 중 누가 더 나은가라는 질문을 던지게 된다.

나는 뷔페를 별로 좋아하지 않는다. 주변 사람들과 함께 몇 번 호텔 뷔페에 간 적이 있는데 갈 때마다 기분이 별로였다. 시작한다는 종소리와 함께 사람들이 미친 듯이 몰려가 음식을 넘치도록 담는 장면은 불편함을 준다. 살기 위해 먹는 것이 아니라 먹기 위해 사는 것 같다는 생각이 든다. 여러 음식을 한꺼번에 먹다 보면 제대로 맛을 느낄 수 없다. 이 맛도 저 맛도 아니다. 차분하게 앉아서 먹을 수도 없다. 나 같이 양이 적은 사람은 손해보는 기분도 든다. 먹은 후에는 늘 속이 부대낀다. 남을 수밖에 없는 음식이다. 쓰레기가 된다는 사실도 가슴 아프다. 이래저래 뷔페는 내 스타일이 아니다.

건강을 위해서는 가능하면 삼시 세끼를 정확한 시간에 그리고 적게 먹어야 한다. 소식小食이 중요하다는 것은 누구나 다 아는 사실이다. 그래서 《1일 1식》이란 책이 베스트셀러가 되기도 했다. 하지만 이는 너무 무리다. 일반인이 어떻게 하루 한 끼 먹고 일을 할 수 있겠는가? 쓰는 에너지가 있는데 에너지 보충을 안 하고 어떻게 건강을 유지할 수 있겠는가? 지인 중 한 명은 무리하게 이를 실천했다가 치아 하나를 잃었다. 영양결핍이 온 것이다. 옛날 도인들이 실천했다는, 저녁에 식사를 하지 않는 오후불식午後不食은 그런대로 실천할 만하지만 이 역시 무리다. 난 태생적으로 양이 적은데다 집에 여자들만 있으니 더욱 양을 줄일 수 있는 좋은 환경이다. 주변 사람들이 다 수저를 놓았기 때문에 할 수 없이 더 먹지 않는 경우가 제법 있다.

양만큼 중요한 게 세끼의 균형이다. 우리 집은 아침 식사를 가장 신경 쓴다. 온 식구가 아침 6시 20분에 함께 식사하는 것은 오래된 습관이다. 말 그대로 같이 밥을 먹는 식구食口인 셈이다. 우유와 사과는 필수이고, 밥도 먹고 고구마도 먹고 가리지 않고 먹는다. 밀가루 음식은 가능한 한 피한다. 잠이 덜 깬 상태에서 먹지만 먹다 보면 정신도 차리고 기분도 좋아진다. 영어로 아침을 'Breakfast'라 한다. 단식fast을 끝낸다break는 뜻이다. 사람에 따라 다르긴 하겠지만 아침을 먹는 것과 굶는 것에는 큰 차이가 있다. 아침 식사를 하는 건 단순히 밥을 먹는다는 걸 넘어선다. 밤새 굶은 위에 영양을 공급하고, 식구들끼리 얘기도 하고, 좋은 하루를 다짐하는 신성한 의식이다. 전문가들은 대부분 아침식사를 먹으라고 권한다.

점심은 되는 대로 먹는다. 아침은 우리 의지대로 선택할 수 있지만 점심은 약속이 많아 대부분 마음대로 하지 못한다. 내가 선택할 경우는 주로 청국장, 비빔밥, 순두부 같은 한식을 먹는다. 원래는 밀가루 음식을 좋아하는데 요즘은 가급적 안 먹으려고 노력한다. 그래도 일주일에 한번은 라면이나 만두 같은 걸 먹는다.

저녁이 제일 중요하다. 일본 스모선수들의 평균 체중은 270kg에 달한다. 이들은 일정 몸무게가 되어야 경쟁력이 있기 때문에 의도적으로 몸을 불린다. 방법은 간단하다. 굶다가 한꺼번에 실컷 먹는 것이다. 보통 오전에는 아무것도 먹지 않는다. 하루에 한두 번만 식사한다. 단 한 번 먹을 때 어마어마한 양을 먹는다. 지방축적을 극대화하기 위해 먹은 뒤 바로 잠을 잔다. 요즘 직장인을 보면 이런 스모선수처럼 살고 있는 것 같다. 아침은 굶는다. 점심은 대충 때운다. 그러다가 빈속에 저녁 약속을 잡아 왕창 먹는다. 일차는 삼겹살에 소주를 마시고, 이차로 통닭에 맥주로 입가심을 한다. 마지막은 달달한 라떼로 마무리를 한다. 수천 칼로리의 음식을 먹고 집에 가서 쓰러져 잔다. 막상 칼로리가 필요한 아침에는 아무것도 먹지 않고 칼로리가 필요 없는 밤에는 스모선수처럼 음식을 집어넣는다. 이러한 생활이 몸에 어떤 영향을 줄지 상식적으로 생각해 보기 바란다.

건강에는 음식, 운동, 휴식의 적절한 조화가 중요하다. 그중 으뜸은 음식이다. 운동하는 시간은 기껏 한 시간이지만 음식은 나머지 스물세 시간 동안 우리 몸을 지배하기 때문이다. 좋은 음식을 어떻게 섭취하느냐가 우리의 건강을 좌우한다. 여러분이 생각하는 좋은 음식은 무엇인가? 현재 여러분의 식사습관은 어떤가? 버릴 것은 뭐고, 새로 만들 습관은 어떤 것인가? 먹는 것이 그 사람의 건강을 결정한다. 아니 먹는 게 곧 그 사람이다.

근본적으로 비만을 해결하기 위해서는,
"나는 무엇으로부터 도피 하려 하는가?"라는 질문을 던져 봐야 한다.
원인을 제대로 이해해야 치유가 가능하다.
그저 많이 먹고 운동을 하지 않았기 때문이라는 이유만으로는 비만에서 벗어나기 쉽지 않다.

다이어트를
위한
상식들

살면서 가장 소중한 지식은 몸에 관한 지식이다. 그렇게 살을 빼고 싶어 하지만 살을 빼지 못하는 이유도 제대로 된 지식을 접하지 못했기 때문이다. 몸 관련 공부를 하면서 알게 된 사실을 정리해 보았다.

첫째, 우리 몸을 놀라게 해서는 안 된다. 단기간에 획기적인 변화를 기대해서는 안 된다. 우리 몸은 변화에 대응하는 놀라운 능력이 있다. 큰 변화가 일어나면 자동으로 경고등이 켜진다. 갑작스럽게 음식을 줄인다든지, 너무 과격한 운동을 하는 것이 그렇다. 매일 세 끼 푸짐한 음식을 꼬박꼬박 먹던 사람이 갑자기 하루에 두 끼만 그것도 적은 양을 먹는다면 몸에는 비상이 걸린다. '주인님이 이상하다. 음식물 공급이 너무 줄었다. 그러니 우리도 신진대사량을 줄이자'라고 시그널을 보낸다. 그렇게 되면 적은 양을 먹어도 대사량이 줄어 별 효과가 없다.

그러므로 몸을 갑작스럽게 놀라게 하지 말고, 아주 서서히 변화를 주면서 몸을 속여야 한다. 평소와 같이 행동하라고 몸을 설득해야 한다. 갑자기 무게를 줄여서는 안 된다. 한 달에 1kg 이내로 살짝 빼야 한다. 1년 이상의 기간 동안 장기적으로 조금씩 빼야만 한다.

둘째, 의지를 믿지 말고 습관을 길러라. 연초가 되면 피트니스센터는 늘 붐빈다. 그리고 몇 주가 지나면 그 많던 사람들이 썰물처럼 빠져나간다. 사람들은 굳센 의지를 불태우며 왔다가 장렬하게 전사한다. 억지로 무언가를 하려는 의지에는 그 자체로 많은 에너지가 필요하다. 굳은 결심으로 하는 다이어트가 늘 실패하는 이유다. 억지로 참는다는 건 언젠가는 참았던 욕구가 폭발할 수도 있다는 뜻이다. 먹고 싶은 음식을 계속 참으면 스트레스가 쌓이고 어느 순간 폭발하면서 이후 더 먹게 된다.

인생은 길다. 어떻게 허구한 날 하고 싶은 걸 참고 먹고 싶은 걸 먹지 못하면서 의지력에 의존해서 살을 빼려 하는가? 불가능하다. 아니, 권하고 싶지 않다. 그렇게 살고 싶지도 않다. 의지 대신 습관을 바꿔야 한다. 차를 버리고 걷는 습관, 에스컬레이터를 타는 대신 걷는 습관, 천천히 음식을 먹는 습관, 되도록 술을 멀리하는 습관, 일찍 자고 일찍 일어나는 습관, 일주일에 세 번은 운동하는 습관 등등. 좋은 습관이 몸에 배면 그다음은 쉽다. 굳은 결심을 버려라. 대신 천천히 좋은 습관을 만들기 위해 노력하라. 그 습관이 무엇인지는 스스로가 제일 잘 알 것이다.

셋째, 음식의 칼로리를 따지는 대신 자신의 기초대사량에 신경을 써라. 이를 위해서는 근육을 키워야 한다. 다소 뚱뚱해도 근육이 많은 사람이 있고, 말랐어도 지방덩어리인 사람이 있다. 건강한 몸은 지방은 적고 근육이 많은 몸이다. 다이어트를 하기 전에 자신의 기초대사량을 알아보는 것이 도움이 된다. 보건소 등에 가면 쉽게 잴 수 있다.

"대부분의 에너지는 쉬는 시간에 태워진다. 몸이라는 자동차는 움직일 때보다는 시동을 켠 채로 대기하며 버리는 기름이 더 많다. 따라서 몸 자체를 연비가 '나쁜' 자동차로 만드는 게 가장 중요하다. 이 역할을 하는 게 근육이다. 살을 빼기 위해서는 근육 공장을 만들어야 한다. 근육 없는 다이어트는 실패할 수밖에 없다. 그냥 무식하게 굶어 살을 빼는 방법은 몸을 망치고, 몸매를 망치고, 더 심한 비만을 부르는 최악의 방법이다. 다이어트의 핵심은 근육을 늘리고 지방을 줄이는 것이다. 근육이 늘면 신진대사량이 늘어난다. 같은 양의 음식을 먹어도 다 태우기 때문에 문제가 되지 않는다."《운동 미니멀리즘》의 저자 이기원의 말이다.

넷째, 측정도구를 바꿔라. 몸무게를 재는 대신 허리둘레와 허벅지둘레를 재라. 체중계는 다이어트에 도움이 되지 않는다. 근육을 위해서는 웨이트트레이닝이 필요하다. 웨이트를 하면 처음에는 무게가 줄지 않는다. 오히려 느는 경우도 있다. 몸의 구성이 바뀌기 때문이다. 체중감소는 천천히 온다. 체중을 자주 재면 좌절할 수 있다. 좋아해야 할 때 실망하고, 실망해야 할 때 좋아할 수 있다. 이럴 때는 체중을 재지 않는 것이 더 낫다.

체중은 몸의 '무게'에 관한 정보이지 모양이나 부피에 관한 정보가 아니다. 근육은 지방에 비해 부피가 작다. 2kg의 근육을 얻고 같은 무게의 지방을 잃는 경우 무게 변화는 없다. 하지만 모양은 완전 다르다. 몸무게에 목표를 두는 대신 허리둘레에 목표를 두어야 한다. 몸무게가 중요한 게 아니라 체성분이 중요하다. 무게가 다소 많이 나와도 근육이 많으면 괜찮다. 무게가 적어도 지방이면 문제다. 근육이 많을수록 몸매가 좋아진다. 최악의 몸매는 팔다리는 가는데 배만 나온 몸이다. 최선은 가슴은 벌어지고 허리는 가늘고 허벅지는 굵은 몸매다. 당신은 어떤가? 혹시 개구리처럼 배만 볼록 나오지 않았는가?

다섯째, 생활을 바꾸어라. 지금의 몸은 그동안 내가 생활한 것들의 결과물이다. 오랜 생활의 찌꺼기다. 오랫동안 마신 폭탄주, 삼겹살에 소주, 좌식생활, 운동과는 담을 쌓은 생활, 줄담배, 게으름 등이 쌓인 것이다. 좋은 몸을 만들고 싶다면 지금의 생활을 바꾸어야 한다. 왕도나 첩경이 있을 수 없다. 쉽고 편하게 살을 빼는 방법 같은 건 없다.

건강한 몸은 장기전으로 얻는다. 몇 달 만에 어떻게 할 수 있는 일이 아니다. 생활 전반을 바꾸고 꾸준히 시간을 갖고 실천하는 것 외에는 달리 방법이 없다. 체중감량에는 왕도가 없다. 요행을 바라는 로또식 다이어트는 백발백중 실패한다. 꾸준한 유산소운동, 균형 잡힌 식단, 비만을 유발하는 나쁜 습관에 대한 교정밖에 없다.

여섯째, 음식을 바꾸어야 한다. 인간은 무엇을 먹느냐에 따라 달라진다. 나쁜 음식을 먹으면 나쁜 결과가 나오고 좋은 음식을 먹으면 몸이 좋아지는 건 당연하다. 매일 폭탄주를 마시고 줄담배를 피우면서 건강하길 바라는 것만큼 허무한 일은 없다. 몸은 정직하다. 건강한 몸을 위해서는 좋은 음식을 올바른 방식으로 먹어야 한다. 누구나 아는 얘기다. 단백질 섭취를 늘리고, 당지수가 낮은 음식을 선택하고, 지방함량을 줄여야 한다.

순서가 중요하다. 이시형 박사는 대부분 디저트로 먹는 과일을 먼저 먹으라고 권유한다. 밥의 양을 줄일 수 있기 때문이다. 효과가 있다. 섬유질, 탄수화물, 단백질 순서로 먹는 것이 좋다. 양이 많은 사람은 위를 줄여야 한다. 포만감을 주는 채소 위주의 식사로 하되 천천히 먹으면 좋다. 조금 더 먹고 싶다는 생각이 들 때 수저를 놓으면 된다.

3

운동의 정석

속도가
아닌
방향이다

산에서 길을 잃었을 때 최선의 방법은 그 자리에 머무는 것이다. 자칫 당황해 여기저기로 움직이면 더 위험해진다. 체력도 떨어지고 출구에서 더 멀어질 수 있기 때문이다. 건강도 그러하다. 뚱뚱한 것이 몸에 해롭다는 사실을 모르는 사람은 없다. 그래서 온갖 방법을 동원해 살을 뺀다. 사람들의 이런 다급한 마음은 교묘한 상술의 표적이 된다. 짧은 시간에 살을 빼 주겠다, 그렇게 안 되면 환불해 주겠다, 누가누가 이 방법으로 성공을 했다 등등. 살이 빠질 수 있다는 면에서는 진실이다. 하지만 다시 찔 수 있고, 그때는 더 악화될 수 있다는 부분은 말하지 않는다. 이런 말을 듣고 혹해서 큰돈을 지불하는 사람을 볼 때마다 "아무것도 모르는 자는 모든 것을 믿을 수밖에 없다"는 격언이 떠오른다. 무지가 부른 재앙이다. 돈은 돈대로 쓰고 몸은 몸대로 망가지니 가엾은 인생이다.

몸을 제대로 만들기 위해서는 정직, 성실, 지식이 필요하다. 몸은 정직하다. 수십 년에 걸쳐 만들어진 몸을 어떻게 두 달 만에 바꿀 수 있겠는가? 발상 자체가 말이 안 된다. 두 달 만에 만든 몸은 두 달 만에 망가질 수 있다. 성실함이 필요하다. 하루하루 꾸준히 노력해야 한다. 무엇보다 몸에 대한 지식과 그것을 바탕으로 한 방향 설정이 중요하다. 잘못된 방향으로 열심히 움직이는 것보다는 옳은 방향으로 꾸준히 천천히 움직이는 것이 현명하다.

단순히 살을 빼겠다는 건 잘못된 목표다. 몸무게에 목숨을 거는 건 어리석은 일이다. 몸무게 줄이기는 쉽다. 며칠 굶으면 빠진다. 문제는 빠질 것은 안 빠지고, 안 빠져야 할 것은 빠진다는 데 있다. 정말 빼야 할 것은 대부분 지방이다. 지방은 비상식량이다. 비상시에 대비해 몸이 저장하고 있는 식량이다. 그래서 최후에 빠진다. 수분, 근육 등 다른 것을 다 쓰고 그래도 쓸 게 없으면 빠지는 것이 지방이다. 정교한 운동계획 없이 무작정 굶어서는 절대 지방을 뺄 수 없다. 안 빠져야 할 근육과 수분만 줄어든다. 그러면 기초대사량이 떨어져 같은 양의 음식을 먹어도 지방으로 갈 확률이 높다. 일명 요요현상이다. 이 기본적인 지식을 모르는 사람이 많다. 지금도 무조건 굶고 보는 수많은 중생들이 이를 증명한다. 알지만 실천을 못하는 사람도 많다. 귀찮기 때문이다. 차일피일 미루는 것이다.

나 역시 이런 사실은 어렴풋이 알고 있었지만 뚜렷한 계기를 찾지 못했다. 그래서 20년 이상 73~74kg의 몸무게로 그럭저

럭 살아왔다. 표준체중에서 7~8kg가 더 나가는 무게였다. 짐마일로에서 가장 먼저 한 것은 체지방 분석이었다. 전체 몸무게, 근육무게, 체지방 무게의 순서로 나타나는데 위아래 전체 무게와 체지방은 많고 가운데 근육무게가 적은 일명 C자형 몸이었다. 이에 대한 코치의 조언은 명확했다. 가운데 근육을 키우고, 체지방을 줄여 D자형 몸을 만들라는 것이다. 그동안 단순하게 몸무게만을 줄이는 방식과는 확연히 목표가 달랐다. 일시적으로는 전체 무게가 늘 수 있지만 개의치 말라는 조언까지 들었다. 9개월이 지난 후의 몸무게는 69kg으로 4~5kg 줄었다. 큰 폭은 아니다. 하지만 주로 체지방이 줄었고 근육은 늘었다. 가장 큰 변화는 몸매가 좋아진 것이다. 똥배가 쑥 들어가고 팔과 다리와 어깨가 근육질로 바뀌었다. 지금은 몸무게 변화는 거의 없지만 외관이 바뀌었고 몸이 확실히 달라졌음을 느낄 수 있다.

그동안은 헬스가 재미없었다. 그냥 몸에 좋다니까 참으면서 했다. 변화를 보기 힘들었기 때문이다. 하지만 지금은 다르다. 목표가 명확하고 방법을 알며 변화를 느낄 수 있기 때문이다. 예전에는 거울에 비친 내 모습이 싫었다. 불뚝한 배가 특히 그랬다. 지금은 그런대로 볼만 하다. 조금씩 나아지는 모습에서 작은 기쁨을 느낀다. "스피드보다는 방향이 중요하다"는 말을 많이 듣는다. 옳은 말이다. 운동도 열심히 하는 것보다 옳은 방향으로 하는 것이 중요하다.

운동
메커니즘

처음 체지방 검사를 한 후 트레이너가 내게 해준 말은 지방은 많은데 근육이 부족하다는 것이었다. 운동의 방향도 명확했다. 지방은 줄이고 근육은 늘리기. 아마 대부분 중년 아저씨들도 나와 비슷한 처지일 터. 이른바 절대 근육량의 부족이다.

나이가 들면서 근육은 빠지고 지방은 는다. 결과는 뱃살이 두툼해지고 다리는 가늘어지는 것이다. 이를 역전시켜 허리는 가늘고 허벅지가 두꺼운 몸으로 만들어야 한다. 특히 허벅지가 중요하다. 인체 근육의 3분의 2를 차지할 정도로 근육량이 많은 부위이기 때문이다. 근육은 가장 큰 당분 저장소이고 인체의 쓰레기를 소각하는 역할을 한다. 허벅지가 굵으면 혈관도 맑고 깨끗해진다. 근육을 만들기 위해서는 적절한 운동, 단백질 위주의 식사, 충분한 휴식의 삼박자가 맞아떨어져야 한다. 이기원 코치가 내게 가르쳐 준 운동 메커니즘은 다음과 같다.

첫째, 가장 힘들 때 가장 기뻐하라. 힘들지 않으면 근육은 생기지 않는다. 힘들어야 근육에 상처가 생기고 상처가 아물면서 근육은 성장한다. 한 마디로 "No pain, no gain"이다. 아프지 않으면 성장하지 않는다. 모든 운동은 한계상황까지 해야 한다. 단순히 많이 하는 게 아니라 힘에 부쳐서 더 이상 하기 힘들 정도까지 해야 한다.

나 같은 보통사람들은 혼자 운동하면서 자주 타협을 한다. 힘이 들면 나도 모르게 "이렇게 무리할 필요는 없어. 이러다간 건강이 상하지" 하면서 중단하는 것이다. 그러면 안 된다. 한계상황이 중요하다. 그때부터 운동은 시작이다. 복싱의 전설 무하메드 알리에게 윗몸 일으키기를 몇 개 하느냐는 질문에 이렇게 답했다. "나는 개수를 세지 않는다. 아프기 시작한 다음부터 센다. 그때부터가 진짜 운동이기 때문이다." 힘이 들 때부터 근육이 생기기 시작한다. 그 전에 근육은 결코 생기지 않는다. 그러므로 힘이 들면 기뻐하고 힘이 들지 않으면 슬퍼하라. 처음엔 죽을 정도로 힘들지만 며칠이 지나면 즐겁고 행복한 기분이 몰려온다. 만사가 그렇듯, 안전지대에서 빠져나올 때는 반드시 고통의 시간을 통과해야 한다. 포기하고 싶은 한계상황에서 마지막 횟수를 해낼 때 근육이 성장하기 시작한다.

둘째, 가장 하기 싫은 운동을 하라. 그 운동이 당신의 약한 고리다. 다른 고리가 강하더라도 약한 고리 부분을 방치하거나 무시하면 안 된다. 그렇지 않으면 그 부분이 끊어진다. 단점을 보완하려 들지 말고 오히려 자기의 장점을 더욱 강하게 하라는 말이 있다. 일리가 있지만 늘 그런 것은 아니다. 약한 부분이 너무 허약하면 강한 부분이 빛을 낼 수 없는 경우도 많다. 운동이 그렇다. 그날따라 유난히 하기 싫은 운동이 있다. 그 운동을 해야 한다. 하기 싫은 운동이 가장 약한 고리이기 때문이다.

셋째, 가장 하기 싫을 때 가장 많이 변할 수 있다. 유독 운동을 하기 싫은 날이 있다. 한계에 이른 몸이 그만하면 됐다고 유혹하는 소리다. 거꾸로 얘기하면 조금만 더 하면 몸을 변화시킬 수 있다는 신호다. 그럴 때는 신호를 무시하고 몸을 움직여야 한다. 그럼 몸은 자포자기한다. 그러면서 근육이 생기고 몸이 변하기 시작한다. 항상 변화에는 저항이 따른다. 개인도 그렇고 조직도 그렇다. 몸도 그렇고 정신도 그렇다. 가장 하기 싫을 때가 변곡점이다. 가장 위험하지만 가장 가능성이 높은 지점이다. 유혹에 굴복하면 원위치 도로아미타불이 되고, 유혹을 넘어서면 새로운 세상이 펼쳐진다. 기존의 습관과 관성을 이겨야 변화가 일어난다. 가장 하기 싫을 때, 그때를 넘어서야 한다.

넷째, 근육은 실패를 먹고 자란다. 부러진 뼈는 붙으면서 더욱 강해진다. 회복하는 과정에서 처음보다 더 강하게 된다. 이를 초과회복super compensation이라고 부른다. 근육을 만들기 위해서는 먼저 시련을 주고 몸의 초과회복 능력을 이용해 더 강하게 만드는 것이다(초과회복과 관련해서는 다음 글에서 더 상세히 다루겠다). 한마디로 건설적 파괴다.

하던 일을 매번 비슷한 강도로 계속하면 절대 근육은 생기지 않는다. 대신 군살만 생긴다. 근육을 빨리 만들기 위해서는 되도록 실수와 실패를 많이 해야 한다. 이 방법으로 해보고 안 되면 다른 방법을 써보고, 이 일도 해보고 저 일도 해보며 시행착오를 겪어야 한다. 세상에는 몸으로 이해해야만 하는 것들이 있다. 머리로는 도저히 알 수 없는 것들이 있다. 근육을 만드는 것도 그렇다. 이런 건 직접 해보면서 몸이 하는 소리를 들어야 한다.

다섯째, 아픈 만큼 성숙해진다. 근육은 아파야만 성숙한다. 힘들어 죽을 뻔했다는 소리가 나오면 운동을 제대로 한 것이다. 아프지 않으면 절대 성숙해지지 않는다. 안 쓰던 근육을 쓰거나 버거운 중량을 들면 당연히 근육이 아프다. 몇 번 반복하다 보면 한계에 다다른다. 그런 과정을 거치면서 근육이 생긴다. 힘든 운동을 하고 나면 온몸이 뻐근하다. 근육이 만들어지는 느낌이다. 근육은 몸의 항상성을 깰 때 만들어진다. 불편함을 먹고 자란다. 당연히 몸은 싫어한다.

여섯째, 조급하게 성과를 기대하지 말라. 발묘조장拔苗助長이란 말이 있다. 벼가 얼마나 자랐는지 뽑아 본다는 말이다. 하지만 한 번 뽑혔던 벼는 다시 심을 수 없는 노릇. 결국 죽고 만다. 공부하라고 애를 들들 볶는 부모들에게 자주 해주는 말이다. 이는 운동에도 해당한다. 며칠 운동했다고 아침저녁으로 체중을 달아보고, 체성분검사를 하는 사람이 있다. 처음에 나도 그랬다. 좋은 결과를 기대하는 것은 본성이지만 너무 결과에 집착하는 것은 좋지 않다. 무엇이든 너무 목적지향적이면 과정을 즐기기 어렵다. 건강을 위해, 근육을 만들기 위한 목표가 없을 수는 없으나 그냥 좋아서 하는 운동이 최고의 효과를 낸다. 난 요즘 거의 몸무게도 재지 않고 체성분도 알려고 하지 않는다.

일곱째, 점진적 과부하가 중요하다. 조금씩 서서히 부하를 늘려나가는 것이다. 몸은 적응을 잘 한다. 같은 방법, 같은 무게로 웨이트를 하면 거기에 몸은 적당히 적응하면서 근육은 자라지 않는다. 그래서 수시로 방법을 바꾸고, 무게를 늘리는 것이 중요하다.

나 역시 그런 방식을 쓴다. 처음에는 하루는 미는 운동, 다음 날은 잡아당기는 운동, 상체운동, 하체운동을 번갈아 했지만 어느 날은 마구 섞어서 운동을 한다. 몸을 헷갈리게 하는 것도 목적이지만 나 자신도 지루하기 때문이다. 에너지 능력을 키우기 위해서는 단계적으로 심한 스트레스에 노출시키고 그것을 적절히 회복시켜야 한다. 외부 자극이 일정 수위를 넘어가면 다음 자극에 대비해 더 많은 근육을 만들어 내기 때문이다.

무엇보다 운동에서 중요한 것은 지속성이다. 매일 30분씩 조금씩 걷는 것과 일주일 내내 운동을 안 하다가 주말에 몰아서 세 시간을 걷는 것은 총량은 같지만 효과는 다를 수밖에 없다. 사실 가장 힘든 대목이다. 대부분의 사람들이 이를 실천하지 못한다. 그래서 연초에는 우르르 몰렸다가 조금 시간이 지나면 썰물처럼 빠진다. 기분 날 때는 하루에 몇 시간씩 운동을 하다가, 게을러지면 몇 주씩 운동과는 담을 쌓고 지낸다. 아주 조금씩이라도 계속해서 꾸준히 하는 것이 최선의 방법이다.

의도된
불편

군대 시절 새벽마다 구보를 했다. 여름에는 할 만했지만 겨울에는 죽음이다. 어두움이 채 가시지 않은 추운 날씨에 웃통을 벗고 뛴다는 것은 상상만 해도 싫은 일이다. 하지만 어쩌겠는가? 명령에 따라 움직여야 하는 군인이니 별 수 없었다. 구보가 끝난 후 연병장에 벗어놓은 옷을 입기 시작한다. 런닝셔츠를 입을 때의 그 따뜻함, 포근함, 좋은 느낌은 지금 생각해도 잊을 수 없다. 세상에 어떻게 그렇게 기분이 좋을 수 있을까? 옷을 벗고 뛸 때의 불편함이 있었기 때문이다. 불편함이 컸기 때문에 그만큼 만족감이 높았던 것이다.

우리가 진정으로 원하는 삶은 어떤 것일까? 어떤 젊은이는 빨리 돈을 벌어 일찌감치 은퇴해 유람선이나 타면서 놀고 싶다고 얘기한다. 하루라도 빨리 이런 지긋지긋한 일은 털고 싶다고 하는 사람도 있다. 전원에 카페를 열고 친구들과 술이나 먹으면서 살고 싶다는 사람도 있다. 하지만 막상 그런 꿈을 이루었을 때 그는 진정으로 만족할 수 있을까? 그렇지 않을 것이다. 세상에서 가장 힘든 일은 일하지 않고 계속해서 노는 것이다. 정말 노는 것도 하루 이틀이고, 술 마시는 것도 한두 번이다. 열심히 일한 후에 노는 것은 달콤하기 그지없지만 계속 노는 것은 씁쓸함만 안겨 준다. 한계효용체감의 법칙이 여기에도 작동하기 때문이다.

사람들은 끝없이 편안함을 추구한다. 수십 년 전에 비해 우리들의 삶은 말할 수 없이 편해졌다. 하지만 만족도는 예전에 비해 크게 높아지지 않았다. 인간은 금방 익숙해지기 때문이다. 세탁기가 빨래를 편하게 만들었지만 세탁기를 돌릴 때마다 "너무 좋아요, 세탁기 덕분에 생활이 윤택해졌어요"라고 감사하는 사람은 없다. 차를 탈 때마다 "걷는 것보다 빠르고 참 안락하네요. 너무 좋아요"라고 얘기하는 사람도 없다. 우리 일상은 안락의 측면에서는 거의 완벽에 가깝다. 더 편안하다고해서 더 큰 만족을 느끼지 못한다. 방법은 하나뿐이다. 편리함을 적당히 줄이고 의도적으로 불편함을 만드는 것이다.

주말에 한 손에는 리모콘을 잡고 하루 종일 뒹굴면서 텔레비전을 보고 낮잠을 잔다면 기분이 어떨까? 날아갈 듯한 기분일까? 그렇지 않다. 오후가 되면 머리가 멍하고 몸은 천근만근이다. 편안함이 지나치면 더 이상 편안함을 느끼지 못한다. 등산이 좋은 이유는 올라갈 때의 고단함과 흐르는 땀이 있기 때문이다. 거기에 정상의 맑은 공기와 풍경이 어우러져서 말할 수 없는 기쁨을 준다. 헬기를 타고 정상에 오를 때는 절대 맛볼 수 없는 쾌감이다.

문명은 우리에게 안락함을 선물했고 안락함은 우리에게 대사증후군이란 병을 주었다. 예전엔 없던 고혈압, 당뇨, 고지혈증 같은 것들은 모두 편해서 생긴 병이다. 편해서 생긴 병은 어떻게 치유할 수 있을까? 몸을 불편하게 하면 된다. 차를 버리고 걸으면 된다. 머리를 쓰는 만큼 몸을 쓰면 된다. 내가 요즘 하는 웨이트트레이닝의 핵심은 '불편하게 만들기'다. 예전에도 헬스를 했지만 별다른 지식이 없는 상태에서 했다. 그때는 힘들면 포기했다. 중량이 무겁거나, 달릴 때 숨이 차면 쉽게 포기했다. 그리고 속으로 이렇게 위로했다. "나이 들어 이럴 건 없어, 이러다 건강을 해치면 큰일 나지." 하지만 그게 아니었다. 운동은 힘들다고 생각하는 순간부터가 진짜 운동이 된다는 것을 배웠다.

이기원 코치의 말을 옮겨본다. "부러진 뼈는 붙으면서 더욱 강해진다. 회복하는 과정에서 처음보다 더 강하게 된다. 이를 초과회복이라 한다. 웨이트를 하다 보면 지금부터는 무리라는 신호가 온다. 일명 스티킹포인트다. 이 신호를 무시하고 억지로 두어 번 더 들면 몸의 한계를 조금 넘어선다. 그러면 근육에 상처가 난다. 이때 단백질이 들어오면 상처 난 근섬유들이 이를 붙잡아 스스로를 강화시킨다. 근육을 만드는 방법은 먼저 시련을 주고, 몸의 초과회복 능력을 이용해 더 강하게 만드는 것이다. 건설적 파괴다. 힘들어 죽을 뻔했다는 소리가 나오면 운동을 한 것이다. 오늘 편했다면 운동을 제대로 안 한 것이다."

편한 것이 반드시 즐거운 것은 아니다. 즐거운 일은 때로는 어렵고 복잡하고 성가시고 시간이 걸린다. 그것이 어렵고 복잡하고 성가시고 시간이 걸리기 때문에 즐거운 경우도 많다. 편리하고 손쉬운 일이 우리의 행복지수를 떨어뜨리는 일은 얼마든지 있다. 청소를 마친 후의 상쾌함은 청소를 해본 사람만이 느낄 수 있고, 힘든 일을 잘 마치고 난 뒤의 성취감도 경험해 보아야 알 수 있다. 우리가 불행한 것은 너무 편하기 때문이다. 행복하기 위해서는 우리 생활을 의도적으로 불편하게 만들어야 한다. 차 대신 걷는 것을 택하고, 직접 청소를 하고, 인터넷으로 확인할 것도 가끔은 몸을 움직여 보는 것도 방법이다. 편안함의 굴레에서 과감히 빠져 나와야 한다.

식탁 위에는 30분짜리 모래시계를 두라.
30분은 엄청 긴 시간이다.
식사를 천천히만 해도 양을 많이 줄일 수 있다.
허기를 줄일 수 있다.

꾸준한
운동의
비결

피트니스센터에서 가장 선호하는 고객은 누굴까? 연회비를 내고 안 나오는 사람이다. 몇 번 나오다 그만두는 사람이다. 반대로 싫어하는 고객은 누굴까? 매일 꾸준히 나오는 사람이다. 여러분은 어디에 속하는가? 난 최고의 고객에서 최악의 고객으로 변했다. 예전에는 여러 번 등록을 했지만 별로 열심히 하지 않았다. 뭔가 계기가 있어 등록은 했지만 이 핑계 저 핑계를 대면서 몇 번 나가고 그만두길 반복했다. 요즘은 아니다. 2년 가까이 꾸준히 나가고 있다. 스스로가 신기하다. 어떻게 내가 운동을 꾸준히 할 수 있었을까?

스스로 변화의 조짐을 느낄 수 있어야 한다. 변화의 장애물 중 하나는 바로 별다른 변화를 느낄 수 없다는 것이다. 책을 읽는 것도 그렇다. 누구나 독서의 중요성은 강조한다. 하지만 꾸준히 독서하는 사람들은 많지 않다. 오랜만에 작심하고 책을 몇 권 사서 읽어도 별다른 변화를 느낄 수 없기 때문이다. 운동도 마찬가지다. 대부분의 사람들은 운동하다 말다를 반복한다. 그 변화를 체험하지 못해 재미가 없기 때문이다. 내 경우는 오십견으로 고생을 하다가 불편하던 어깨가 조금씩 편해지는 것에서 운동에 재미를 붙였다.

몸의 변화를 위해서는 운동 못지않게 먹는 것을 신경 써야 한다. 운동 시간은 고작 한 시간이지만 나머지 시간 몸을 만드는 것은 우리가 먹는 음식이기 때문이다. 운동의 최대 적은 바로 술이다. 술을 마시면 사실 운동은 도로아미타불이다. 같이 운동을 시작한 지인은 나와 비슷한 강도로 운동했지만 술을 끊지 못해 별다른 재미를 보지 못했다. 안 한 것보다는 나았지만 투자 대비 효과가 낮았다. 안타까운 일이다. 특히 초반이 중요하다. 일단 몸이 만들어지면 술은 조금 먹어도 되지만 초반에 몸을 만들 때는 술도 끊고 음식도 줄이고 트레이너가 권하는 단백질 위주의 식사를 착실하게 해야 한다. 내 경우는 저녁 약속을 거의 없앴다. 사람들과의 만남을 대폭 줄였다. 아무래도 저녁에 사람들을 만나면 결심이 무너지기 쉽기 때문이다. 무엇보다 힘들게 운동한 게 아까웠다.

혼자 하는 것보다는 가족과 같이 하는 것이 효과적이다. 한 사람이 풀어져도 다른 사람이 조이면 계속 할 수 있다. 이런 운동에서 안주인의 역할은 결정적이다. 사실 남자의 몸은 부인에게 달려 있다. 부인이 무슨 음식을 해주느냐에 따라 남편 몸이 달라지기 때문이다. 가족 전체가 비만인 집은 대부분 안주인이 그 주범인 경우가 많다. 혼자 운동하고, 혼자 음식을 가려먹는 것은 쉽지 않다. 내 경우는 아내와 함께 운동을 시작했다. 아내는 나보다 더 적극적이었다. 운동도 그렇고 먹는 것도 그랬다. 그 덕을 많이 봤다. 지금은 두 딸도 같이 운동을 한다. 계속 하려면 가족을 끌어들여라.

운동을 계속하기 위해서는 또한 자기 몸의 변화에 주목해야 한다. 근력과 몸매, 이 두 가지 면에서다. 운동을 하면 근력이 좋아지고 자세가 달라진다. 지인 중 한 분은 세수를 하고 한 번에 일어설 수 없었는데 운동을 시작한 후 가볍게 일어설 수 있었다. 어떤 사람은 3층에 있는 골프연습장을 올라갈 때 여러 번 쉬었는데 이제는 한 번에 올라갈 수 있게 되었다. 다른 분은 혼자 힘으로 차를 밀 수 없었는데 운동을 시작한 후에는 가능해졌다. 이처럼 근력이 좋아지면 자신감이 생긴다. 세상이 달라 보인다.

또 다른 변화는 외모의 변화이다. 운동을 하면 몸이 변한다. 처음에는 내 자신이 이를 알고, 다음에는 주변 사람이 알아보고 이런 말을 해준다. "얼굴이 작아졌네요, 건강해 보여요, 탄탄해 보여요." 몸이 변하면 옷이 변할 차례다. 꽉 조였던 옷을 가볍게 입을 수 있을 때, 허리가 커서 사이즈가 작은 옷을 사러 갈 때의 기분은 참으로 흐뭇하다. 이때 수고한 당신을 위해 아낌없이 옷을 사라. 이 단계에 도달하면 그다음부터는 가속도가 붙는다. 이

미 운동하는 것이 습관이 됐고 어느 정도 중독 증세가 있기 때문
에 별로 걱정할 게 없다.

　여기서 조심할 게 하나 있다. 초반에는 변화가 급속도로 이
루어지지만 시간이 지나면 변화의 속도가 줄어든다. 몸무게의 변
화도 없다. 오히려 늘어날 수도 있다. 내 경우 몸무게는 거의 변하
지 않았지만 허리둘레가 많이 줄었다. 앞에서 얘기했듯 몸무게는
가장 부정확한 기준이다. 몸무게가 줄었다고 몸매가 좋아지는 것
은 더더욱 아니다. 가장 정확한 건 허리둘레다. 체중계가 도움이
안 되는 이유는 안 좋아지고 있을 때 안심하게 하고, 좋아지고 있
을 때 좌절하게 하기 때문이다. 트레이너들은 다 날씬하고 몸매
가 좋다. 그런데 몸무게는 장난 아니게 나간다. 몸무게는 말을 하
지 않으면 알 수 없다. 하지만 몸매는 그렇지 않다. 몸매는 별로인
데 몸무게는 적게 나가는 것과 몸매는 끝내주지만 몸무게는 많이
나가는 것. 둘 중에 여러분은 무엇을 원하는가?

"소설을 쓰는 것은 마라톤 풀코스를 뛰는 것과 비슷합니다.
제게 잘 맞습니다.
달리는 동안은 얘기하지 않아도 괜찮고 누구의 얘기도 듣지 않아도 됩니다.
그저 주위 풍경을 바라보고, 자기 자신을 응시하면 됩니다.
그것은 무엇과도 바꿀 수 없는 귀중한 시간입니다.
실제 달릴 때 저는 아무것도 생각하지 않습니다."
- 무라카미 하루키

저녁
시간을
확보하라

며칠 전 친구 부부와 식사를 했다. 그 친구 딸이 대기업을 들어갔다고 좋아했던 기억이 나서 근황을 물었다. 그랬더니 그만두고 대학원을 다닌단다. 이유를 물어보자 이렇게 답했다. "말이 직장이지 지옥이랑 다를 게 없어. 매일 밤 11시에 퇴근을 해. 처음에는 배우는 것도 있고 신기하니까 다니더니 본인도 힘들어하는 거야. 급기야 건강에 이상이 생겼어. 애를 잡겠다는 생각이 들어 그만두게 했어. 요즘은 괜찮아. 앞으로도 직장생활에 자신이 없대. 일은 좋은데 쓸데없이 매일 야근하는 게 너무 싫다는 거야."

다른 사례다. 역시 친구 딸이다. 비싼 비용을 들여 미국 유학까지 보냈다. 디자인 관련 학교인데 등록금이 정말 장난이 아니다. 노후자금까지 털어 딸 공부에 투자했다. 실무경험도 쌓을 겸 졸업을 한 학기 앞두고 한국 기업에서 두 달간 인턴을 시켰다. 그런데 인턴을 마친 딸이 "엄마, 난 졸업 후에는 회사 못 다닐 것 같아요. 자신 없어요”라고 했단다. 이유를 물어보니 이런 대답이 돌아온다. “근무시간이 너무 길어. 일이 끝났지만 그냥 눈치를 보면서, 아니면 습관 때문에 계속 자리에 앉아 있는 거야. 일은 괜찮은데 그런 문화가 너무 싫어. 무슨 감옥도 아니고 허구한 날 회사에만 있어야 되잖아. 이게 뭐야.” 그 얘기를 듣던 다른 친구는 최근 미국 애플 본사에 취직한 아들 얘기를 했다. “그 회사는 출퇴근에 대한 스트레스는 제로야. 하지만 업무강도가 보통이 아니야. 내가 아들 집에 일주일 있는데 눈치가 보이더라니까. 집에서도 계속 일 생각만 하는 것 같더라고.” 참, 같은 회사지만 차이가 많다. 한국은 야근이 스트레스고 미국은 일이 스트레스다.

친구들과 자식 얘기를 나누다 옛날 생각이 났다. 5년간 미국에서 공부를 하고 처음 한국 회사에 들어왔을 때의 느낌이 아직 생생하다. 우선 출근시간이 너무 빨랐다. 오전 8시까지 출근인데 공장이라 관리자들은 30분 전엔 출근해야 했다. 높은 사람들은 한 시간 전에 회의를 했다. 적어도 7시에는 출근해야 했다. 일찍 출근하니까 일찍 퇴근할 거라 생각했다. 나인 투 파이브(오전 9시 출근 5시 퇴근)에 익숙했던 나는 오후 5시면 퇴근할 줄 알았다. 착각이었다. 퇴근 시간은 6시였다. 조금 늦다는 생각은 했지만 한국이니까 그럴 수 있겠다고 생각했다. 그런데 6시가 되어도 아무도 일어나지 않았다. 낮에는 사무실에 사람들이 별로 없었다. 뭔가 개인 일을 보는 것 같았다. 은행도 가고, 동사무소도 가고, 담배도 피우러 가고, 잡담도 많았다. 집중해서 일하는 느낌이 없었다. 그러다가 오후 서너 시가 되니까 사무실에 활기가 넘쳤다. 외출했던 직원들이 다 모이고 본격적인 회의도 했다. 그때는 주말에도 일을 했다.

일주일쯤 지나자 회사생활에 회의가 들었다. 개인시간이 전혀 없었다. 시간이 지날수록 더 심해졌다. 회사에 내 인생을 올인해야만 했다. 평생 그렇게 살 자신이 없었다. 동료들에게 힘들지 않느냐고 물어봤더니 의외의 답이 돌아왔다. "집에 가면 뭐해요. 오히려 회사에 있는 게 편해요." 사람들은 이미 그런 생활에 익숙해진 상태였다. 위로 올라갈수록 증세는 심했다. 다들 회사에 오래 남아 있는 걸 힘들어하지 않고 오히려 즐기는 분위기였다. 난 달랐다. 정시에 퇴근했다. 작년 그 회사 임원들에게 강의를 했는데 예전의 부하직원이 이런 말을 했다. "이사님 하면 한 가지가 기억나요." 뭐냐고 물어보자, "오후 6시가 되면 열쇠를 돌리면서 휘파람을 불면서 퇴근하는 모습이요"라고 말했다. 그만큼 그들에겐 임원의 정시퇴근이 낯설어 보였던 거다.

임원이 된 후 일산으로 이사를 갔다. 본사는 부평이었다. 출근이 문제였다. 당시는 행주대교 입구에 병목현상이 심했다. 오전 6시 10분 정도가 임계점으로, 그 전에는 소통이 원활했다. 이후는 1분에 수십 대씩 차량이 몰렸다. 6시 반쯤 되면 거기를 통과하는 데 이삼십 분이 걸렸다. 할 수 없이 새벽에 출근했다. 김밥을 한 줄 싸서 눈만 뜨면 나왔다. 회사 앞 사우나에서 목욕하고 6시 반쯤 출근했다. 24시간 가동 중인 공장을 한 바퀴 돌고, 밀린 결재를 하고, 직원 면담하고, 회의할 것 하고, 온갖 것을 다 처리해도 점심 전이었다. 오후가 되면 할 일이 별로 없었다. 퇴근시간까지 기다리는 것도 고역이었다. 물론 노사문제나 중요한 회의가 있을 때는 달랐다. 그런데 상사는 그걸 못마땅해했다. 말로는 자유롭게 근무하라고 했지만 실제로는 은근히 압박했다. 회사생활은 재미있었다. 배우는 것도 많았다. 사람들 만나는 것도 좋았다. 하지만 비효율성은 정말 싫었다. 쓸데없이 오래까지 사람을 잡아두는 문화가 너무 싫었다. 그 회사는 지금 외국인 손에 넘어갔고 현재는 다들 칼퇴근을 한다.

한국인은 열심히 일한다고 한다. 내 생각은 다르다. 열심히 일하는 게 아니고 '오래' 일한다. 좋은 회사는 근무시간에 관한 간섭이 없다. 애들도 아니고 성인인데 알아서 하는 거다. 그래도 직원들은 자기가 알아서 업무에 올인한다. 나쁜 회사는 근무시간만 엄청 길다. 몸만 회사에 있지 업무에 몰입하지 못한다. 아니, 안 한다. 몰입을 하나 안 하나 별 차이가 없는데 무엇 때문에 그 긴 시간 집중해서 일하겠는가?

매력적인 회사를 만들기 위해서는 경영진들이 생각을 바꾸어야 한다. 일은 근무시간에만 하는 것이란 사실을 분명히 해야 한다. 쓸데없이 야근하는 사람들에게 오히려 불이익을 주어야 한다. 오래 일하는 사람이 충성스럽고 일 잘하는 사람이라는 생각을 버려야 한다. 그들에게 잃어버린 저녁을 돌려주어야 한다. 내가 바라는 대한민국 직장의 모습이다.

일찍 자고
일찍
일어나라

지금도 제일 행복한 시간 중 하나는 잠자는 시간이다. 어린 시절에는 이불을 깔 때가 그렇게 좋았다. 푹신한 이불 위에서 껑충껑충 뛰면서 좋아했던 기억이 난다.

아무리 힘든 하루를 보내도 잠을 푹 자고 나면 피곤은 사라진다. 푹 자고 일어난 아기의 얼굴을 보는 것만으로도 기분이 좋아진다. 군대 시절이 고달팠던 이유 중 하나도 바로 잠 때문이었다. 힘든 훈련과 내무생활은 그럭저럭 견딜 수 있었는데 중간에 깨서 불침번과 보초 서는 일은 정말 괴로웠다. 한두 시간 보초를 서고 나면 잠이 확 달아나 다시 잠들기가 쉽지 않았다. 애를 키우는 것도 자다 일어나는 일이 잦기 때문에 힘들다. 교대 근무하는 직업은 그런 면에서 쉽지 않다. 잠을 푹 잘 수 있다는 것은 그 자체로 큰 행운이다.

그런 면에서 난 행운아다. 잘 자기 때문이다. 내 별명은 '새 나라의 어린이'다. 일찍 자고 일찍 일어나기 때문에 딸들이 붙여 준 별명이다. 보통 9시에서 9시 반 사이에 잠자리에 들어 새벽 4시에서 5시 사이에 일어난다. 종종 3시에 일어나기도 한다. 저녁 뉴스를 보다 보면 잠이 쏟아져 쓰러지듯 자는데 이 시간이 참으로 행복하고 달콤하다. 세상 그 무엇보다 소중한 시간이다. 숙면을 취하면 새벽에도 번쩍 눈이 떠지고 새벽 시간 역시 상쾌하다. 그렇게 피곤했던 하루도 푹 자고 일어나면 피곤이 싹 가신다.

그렇다면 어떻게 숙면을 취할 수 있을까?

첫째, 가능하면 자연리듬에 맞춰 자고 일어나는 것이 좋다. 밝을 때 일어나고 어두우면 자는 것이다. 농부처럼 사는 것이 건강에 좋다. 생체리듬을 거기에 맞춰 조절하는 게 필요하다. 전문가들은 시간에 따라 잠의 품질이 달라지니 너무 늦게 자는 것은 피하라고 하는데 나도 그 의견에 동의한다. 되도록 11시 이전에는 잠자리에 드는 것이 좋다. 그때를 놓치면 같은 시간을 자도 피곤하다.

둘째, 숙면을 위해서는 몸을 많이 움직여야 한다. 잘 자지 못하는 이유 중 하나는 몸이 피곤하지 않기 때문이다. 힘든 유격훈련을 한 후에는 다들 쓰러지듯 잠을 잔다. 불면이란 있을 수 없다. 불면의 원인 중 하나는 몸을 잘 움직이지 않는 것에 있다. 아니면 낮에 이미 충분한 수면을 취했기 때문이다.

셋째, 온과 오프를 명확히 해야 한다. 교감신경을 안정시키고 대신 부교감신경을 활성화시켜야 한다. 긴장을 담당하는 교감신경은 숙면을 해치는 최대의 적이다. 교감신경의 날이 서 있으면 잠을 설친다. 나는 저녁 7시면 '공장문'을 닫는다. 전화기는 진동으로 하고 서재에 둔다. 잘 시간에 전화를 받으면 리듬이 깨지기 때문이다. 저녁 약속도 가급적 하지 않는다. 시간을 놓치면 잠이 오지 않기 때문이다.

넷째, 분위기를 잡는 것도 필요하다. 나는 조명에 민감하다. 저녁 거실에는 직접조명 대신 간접조명을 켠다. 형광등 같이 환한 불빛 아래 있으면 뭔가 계속 업무를 보는 것 같은 기분이 들어 피곤하다. 은은한 간접조명은 그 자체로 위로가 된다. 저녁에는 큰 소리를 내는 것도 삼가한다. 운동도 하지 않는다. 수다도 떨지 않는다.

다섯째, 잠들기 전에 오늘 있었던 좋은 일들을 떠올린다. 읽었던 책의 내용을 생각한다. 가능한 한 반성은 하지 않는다. 나빴던 기억은 떠올리지 않는다.

숙면의 중요성은 아무리 강조해도 지나치지 않는다. 세상의 많은 사건사고는 대부분 수면부족 때문에 일어난다. 교통사고도 그렇다. 인간이 19일간 잠을 자지 않고 버틴 기록이 있는데 얻는 것은 망가진 몸뿐이다. 잠을 자지 못하면 말이 어눌해지고, 시야가 흐려지고, 집중력과 기억력이 떨어진다.

"많은 직장인들이 만성적인 수면부족에 시달리지만 그렇다는 사실조차 깨닫지 못하고 있다. 술에 취한 사람들이 그러하듯 잠을 못 잔 사람들은 자신에게 어떤 문제가 있는지 깨닫지 못할 뿐이다. 그들 대부분은 완전히 깨어 있다는 것이 어떤 느낌인지도 모른다." 토니 슈워츠Tony Schwartz가 《무엇이 우리의 성과를 방해하는가》에 쓴 말이다.

쉬는 것도
능력이다

지인 중 한 분은 글로벌 기업의 아시아 · 태평양 책임자로 2년간 근무하다 최근에 그만 두었다. 난 잘했다고 격려했다. 옆에서 봐도 저런 식으로 일하다가는 명대로 살지 못할 거란 생각이 들었기 때문이다. 가끔 만나 들어보면 인간의 삶이 아니다.

그분 얘기다. "본사가 홍콩인데 우선 언어 스트레스가 큽니다. 한국 사람이 하루 종일 영어로 생각하고 얘기하고 회의하는 건 그 자체로 힘든 일입니다. 같이 일하는 홍콩 사람들도 저를 힘들게 합니다. 식민지 지배를 오래 받아서인지 이기적이고 자기 속내를 잘 드러내지 않아요. 무엇보다 업무강도가 장난이 아닙니다. 한 달에 3분의 2는 베트남, 필리핀, 말레이시아, 중국 등으로 출장을 다녀야 합니다. 아침에 갔다 당일로 오기도 하고 일정이 있으면 하루 자고 다음날 오기도 합니다. 하루 종일 회의하고 이동하면서 혹은 일과 후에 이메일을 보고 처리해야 합니다. 하루 평균 100통 이상 옵니다. 대부분 꼭 답신을 해 주어야 하는 메일입니다. 거기다 음성메일, 전화, 다른 업무 등으로 정신을 차릴 수 없습니다. 내가 무슨 부귀영화를 누리겠다고 이런 생활을 하나, 이러다 죽겠다는 생각을 했습니다.”

일과 후나 주말에는 무얼 하냐고 물어보자 이렇게 말한다. “너무 일이 많고 일만 하다 보니까 퇴근도 늦습니다. 또 미국과의 시차 때문에 밤에도 수시로 이메일과 문자가 옵니다. 그러다 보니 쉬는 시간 없이 24시간 일한다는 생각이 듭니다.” 그 얘길 듣자 측은지심이 생기면서 모 글로벌기업 임원에게 들은 얘기가 생각났다. “우리 회사 높은 사람 중 정상적인 결혼생활을 하는 사람이 없습니다. 다 이혼을 했거나 별거 중입니다.”

건강은 리듬이다. 일할 때는 일하고, 쉴 때는 확실하게 쉬어야 한다. 그런 면에서 위의 글로벌 대표처럼 일만 하는 것은 위험하다. 몸이 상하기 쉽다. 하지만 쉬고 싶다고 쉴 수 있는 건 아니다. 너무 일에 몰입해 머리가 뜨거워지면 일을 중단해도 잠이 오지 않고 쉴 수가 없다. 나도 미국 유학 중에 이런 경험을 했다. 첫 학기에 난생 처음 영어로 전공시험을 보는데 잠이 오지 않았다. 너무 긴장을 하고 걱정을 했기 때문이다. 온몸의 신경이 다 곤두서 있는 것 같은 느낌이었다. 곤두선 신경을 누그러뜨려야 했다. 그때 맥주를 한두 잔 마신 후 잠을 청했다. 시험을 보는 2년 내내 그런 생활이 계속됐다.

일을 잘하는 건 능력이다. 이 사실을 부인하는 사람은 없다.

하지만 쉬는 것 역시 능력이다. 능력이 있는 사람만이 잘 쉴 수 있다. 쉬는 게 별거 있나, 그냥 일을 중단하고 쉬면 되는 것 아닌가 생각할 수도 있다. 과연 그럴까? 그렇지 않다. 쉴 줄 모르는 사람들이 있다. 일 중독자들이다. 내가 생각하는 중독의 정의는 "그칠 줄 모르는 것"이다. 일 중독자는 쉬는 능력을 상실한 사람들이다. 그칠 줄 알면 중독이 아니다. 그칠 줄 모르니까 문제가 생기는 것이다. 쉬는 것은 능력이다.

주변에 자칭 타칭 일중독자임을 표방하는 사람들이 있다. 다른 중독과는 달리 일중독자들은 그 자체를 자랑스러워한다. 다른 사람들도 뭐라고 하지 않는다. 너그럽게 봐준다. 심지어 회사에서는 그들을 칭송하는 소리까지 들린다. 알코올중독자 상사는 직원을 알코올중독자로 만들 개연성이 있다. 일중독자 역시 부하직원을 괴롭히거나 또 다른 일중독자로 만든다. 퇴근을 못 하게 하거나 주말에 전화를 걸어 못살게 군다. 크리스마스 이브에 전화를 하는 사람도 봤다. 이런 짓은 무엇보다 본인 건강을 해치고 조직 생산성을 떨어뜨린다. 일만 하는 것은 대단한 능력이 아니다. 일을 할 땐 하지만 쉴 때 잘 쉬고, 자신은 물론 부하직원을 쉬게 할 수 있는 게 진정한 능력이다.

남아프리카에서는 오후 5시가 되면 회사의 모든 시스템이 멈춘다. 더 이상 일을 할 수 없다. 다른 회사도 모두 그렇다. 오늘 처리하지 못한 일은 내일 하자는 의미의 '마냐나 문화' 때문이다. 마냐나는 스페인어로 '내일 또는 나중에'를 뜻한다. 우리에게 필요한 것은 이러한 마냐나 능력이다. 쉬지 않고 계속 일만 하는 것은 몸에 계속 비상을 거는 것과 같다. 한두 번은 작동하지만 결국 몸을 망친다. 일할 때는 일하고 쉴 때는 쉴 수 있어야 한다. 그래야 나도 지키고 회사도 지킨다. 여러분 생각은 어떤가?

운동은
생활이다

내가 미국에서 공부를 하던 때는 1980년대 중반이었다. 당시에 담배를 피우는 사람은 거의 원시인 취급을 받았다. 흡연자를 노골적으로 경멸하는 분위기였다. 나도 분위기에 영향을 받아 거의 끊다시피 했고 주말에 집에 있을 때는 전혀 피우지 않았다. 귀국할 무렵에는 거의 비흡연자에 가까웠다.

그런데 한국에 와서 취직을 하니 완전 다른 세상이었다. 거의 모든 사람들이 담배를 피웠다. 피워도 너무 피웠고 비흡연자는 가물에 콩 나듯 찾기 어려웠다. 회식 때는 완전 너구리 굴이 따로 없었다. 사무실에서도 피우고 회의 때도 피우니 다시 담배를 꺼내 물기 시작했다. 세월이 지나면서 완벽한 흡연자로 자리를 잡았다. 그러다 교육관련 회사에 들어갔는데 여긴 다른 세상이다. 반 이상이 여성이고 오너가 담배 피우는 걸 아주 싫어해 수시로 담배 피우지 말라고 경고했다. 회의 때도 흡연자들을 지칭

하면서 언제까지 끊을 것인지 묻기도 했다. 그러다 보니 담배 피우는 사람은 손으로 꼽을 정도였다. 분위기에 편승해 자연스럽게 담배를 끊을 수 있었다. 환경이 사람을 지배하는 것이다.

운동도 그러하다. 지속적인 운동을 위해서는 분위기를 만들어야 한다. 주변 사람들을 자꾸 운동하는 데 끌어들여야 한다. 같이 운동하면서 운동의 즐거움을 느끼게 해야 한다. 식사도 신경 쓰고, 대화의 화제에도 운동이 들어가야 한다. 운동을 하면서 느끼는 몸의 변화도 나눌 수 있어야 한다. 그럼 계속해서 즐거운 마음으로 운동할 수 있다.

나는 아내와 같이 운동을 시작했다. 정확히는 아내 손에 이끌려 헬스장에 갔다. 돈을 내고 하는 개인 트레이닝도 처음이었다. 처음에는 '운동이 별건가, 그냥 알아서 하면 되지 무슨 돈까지 내면서 코치를 받아?'라는 교만함이 있었다. 하지만 코치를 받으면서는 생각이 달라졌다. "역시 밥벌이로 코치를 하는 사람들은 뭔가 다르구나. 그들도 나름의 전문영역이 있구나. 운동은 아무렇게나 하는 것이 아니었어. 체계적으로 공부하면서 운동을 해야 하는구나" 하는 깨달음이 생겼다.

1년쯤 지난 후에는 두 딸도 운동에 끌어들여 지금은 네 사람이 같은 곳에서 운동을 한다. 처음에는 부부만 하다 운동의 즐거움을 깨닫고 확대 적용한 셈이다. 주말에 같이 운동하고 식사를 하면 그렇게 즐겁고 기분 좋을 수가 없다. 일주일의 피곤이 다 사라지면서 이게 바로 천국이란 생각이 들 정도다. 몸과 영혼이 다

함께 맑아지는 느낌이다.

이처럼 혼자 결심해서 운동하는 것보다 온 가족 혹은 친구들과 함께 운동하면 좋은 점이 많다. 가능하면 돈을 내고 여러 사람이 함께 하기를 권한다. 이유는 다음과 같다.

첫째, 뭐든 돈을 내고 하는 것이 좋다. 야외에서 운동하면 좋긴 하지만 날씨의 영향을 받기 때문에 변수가 많이 생긴다. 돈을 내지 않았으니 여러 가지 핑계를 대면서 빼먹기도 쉽다. 비가 와서, 날이 추워서, 황사 때문에 공기가 나빠서 등등. 그러다 보면 할 수 있는 날보다 할 수 없는 날이 더 많아진다. 반면 돈을 내고 운동을 하면 본전 생각에 악착같이 하게 된다.

둘째, 혼자 하면 무너지기 쉽다. 사실 거의 매일 운동하는 것은 쉽지 않다. 가고 싶은 날보다 가기 싫은 날이 더 많다. 운동에서 가장 어려운 일은 운동하는 곳까지 가는 일이다. 하지만 함께 하다 보면 자연스럽게 선의의 경쟁이 일어난다. 서로가 서로를 자극한다. 한 사람이 가기 싫어도 다른 사람 때문에 가는 경우가 생긴다.

셋째, 음식조절이 용이하다. 운동보다 중요한 것은 음식이다. 우리 집은 다 같이 운동을 하니 식사에 절제가 있다. 아침은 반드시 먹고, 저녁은 샐러드나 고구마나 계란흰자를 같이 먹는다. 밥은 꼭 현미밥으로 하고 기름진 음식은 가급적 먹지 않는다.

대화 소재를 보면 그 사람이 어떤 사람인지 알 수 있다. 드라마 보는 데 시간을 많이 쓰는 사람은 드라마 얘기를 주로 한다. 골프를 치는 사람은 늘 골프 얘기만 한다. 우리 집은 늘 운동 애길 한다. 운동은 생활이다. 생활이 되어야 오래 간다.

차를
버리자

조선왕조에는 스물일곱 분의 임금이 있었는데 그들의 평균 수명은 고작 45~46세에 불과하다. 지금 기준으로 봐도 다들 단명했다. 과다한 영양섭취와 운동 부족 때문이다. 지금 우리 생활이 조선시대 임금의 생활과 비슷하다. 너무 잘 먹고, 너무 편하고, 너무 운동을 안 한다.

50이 넘어가자 친구들 몸에 하나둘씩 이상이 오기 시작했다. 심장 이상으로 숨이 차 온다고 호소하는 친구, 말랐는데도 혈압이 높아 혈압약을 먹기 시작한 친구, 당뇨 때문에 회식에는 아예 참석을 못한다는 친구, 자신은 걸어 다니는 종합병원이라고 얘기하는 친구 등등. 중년의 가장 큰 관심은 바로 건강이다.

내가 생각하는 건강법 1호는 하루에 적어도 만보萬步를 걷는 것이다. 아침마다 그날 움직일 동선을 떠올려 본다. 대강 머릿속으로 그려보면 어느 정도 걷게 될지 그림이 그려진다. 서울 시내에는 차를 안 갖고 다니고 대중교통만 이용하면 만보는 그리 어렵지 않다. 예를 들어 이런 식이다. '삼성동에서 한 분, 역삼에서 한 분 고객을 만나니까 대강 5천 보에, 저녁에는 KBS를 가니까 여의도역에서 왕복 5천 보. 오늘 만보 걷는 것은 문제가 없겠군.'

하지만 그냥 마구잡이로 걷는 것은 지루한 일이다. 무언가 성과가 가시적으로 나타나고 정량적으로 보여야 재미가 있다. 만보계를 구입하여 매일 걸은 횟수를 기록하면 그 재미가 참으로 쏠쏠하다. 직장에서 하루 종일 일을 하는 사람은 한 정거장 미리 내려서 걸으면 된다. 일과 시간에 만보를 채우지 못했으면 저녁 식사 후라도 그것을 만회하면 된다. 주중에 목표 달성을 못했을 경우에는 주말에 정산을 하는 것도 방법이다.

나는 걷는 것을 참 좋아한다. 무엇보다 기분이 좋아지기 때문이다. 방구석에 가만히 앉아 있거나, 하루 종일 움직이지 않으면 자연스레 기분이 나빠진다. 그럴 때 20분 정도 바람을 쐬며 걸으면 기분이 상쾌해진다. 집에서 20분 거리인 방배역까지는 당연히 걷는다. 30분 거리인 고속버스 터미널까지도 자주 걷는다. 반포천을 따라 길이 좋기 때문에 자주 애용한다. 한 번은 교대역까지 걸어봤는데 1시간 남짓 걸렸다. 건강을 위해서라기보다는 그냥 기분이 좋아지기 때문에 걷는다.

모든 일은 생활 속에서 지키는 것이 좋다. 새롭게 결심을 하고 굳은 의지를 갖고 하는 것은 오래 가지 못한다. 운동도 그렇고 걷기도 그렇다. 가장 쉽게 할 수 있는 방법 중 하나는 차를 버리는 것이다. 우리의 건강을 해치는 최대의 적은 바로 자동차다. 대중교통을 이용하는 것, 웬만한 거리는 걸어 다니는 것, 이보다 더 괜찮은 생활 건강법은 찾기 어렵다.

30대 중반부터 운전기사가 딸린 차를 타고 다니던 안 사장은 20년 이상 대중교통 수단을 이용한 적이 없다. 그에게 차와 운전기사는 너무나 자연스런 생활의 일부였다. 그러던 그가 지난해 회사를 은퇴하고 처음으로 운전도 직접 하고 대중교통을 이용하면서 이런 말을 했다.

"기사가 없다는 게 이렇게 좋은지 몰랐어요. 너무 자유롭습니다. 기사가 있다는 것이 좋은 점도 있지만 사실 불편하거든요. 늘 그 사람이 신경 쓰입니다. 친구 모임에서도 밥은 먹는지, 너무 늦게까지 기다리게 하는 것은 아닌지, 또 개인적인 전화를 할 때도 눈치가 보입니다. 기사가 없으니까 날아갈 것 같습니다. 게다가 요즘은 차도 거의 이용하지 않습니다. 웬만한 곳은 대중교통을 이용하고 슬슬 걸어 다닙니다. 시내를 느긋하게 걸어 다니면서 예전에는 몰랐던 기쁨을 찾게 되었습니다. 쇼 윈도우도 보고, 지나가는 사람들 표정도 살피고, 나무에 물이 오르는 모습도 보고. 예전엔 걸어 다니는 사람이 안됐다고 생각했는데 지금 보니 차를 몰고 다니는 사람이 안됐다는 생각이 듭니다."

차 타는 것을 좋아하고 걷기를 싫어하면 살이 찔 수밖에 없다. 먹는 것보다 에너지 소비가 적으면 살이 찌고, 에너지 소비가 많으면 살이 빠지는 것은 자연의 법칙이다. 물만 먹어도 살이 찐다, 운동도 하는데 몸무게가 줄지 않는다고 하는 사람이 있는데 다 거짓말이다. 무슨 이유든 많이 먹고 움직이지 않으니까 살이 찌고, 각종 성인병이 생기는 것이다. 성인병은 성인이 됐기 때문에 생기는 병이 아니라 습관으로 인해 생기는 병이다. 음식이 흔해지고 지천에 맛있는 음식점이 생기면서 먹는 것을 줄이기는 쉽지 않다. 그보다는 정상적으로 먹되 많이 움직이는 쪽을 택하는 것이 덜 고통스럽다.

차가 주는 장점도 많지만 차를 버릴 때의 장점도 그에 못지않다. 우선 경제적으로 엄청난 이익이다. 사실 차는 돈 먹는 기계다. 월급도 몇 푼 되지 않는 사람이 비싼 외제차를 끌고 다니는 경우도 본다. 이런 사람은 "나는 차를 사기 위해 일합니다. 버는 돈의 대부분은 차와 관련한 곳에 쓰고 있지요. 내가 몰고 다니는 차가 곧 나 자신입니다"라고 광고하는 셈이다. 차가 당신을 위해 존재하는가, 아니면 당신이 차를 위해 존재하는가? 혹시 후자의 경우라면 다시 한 번 차가 무언지 생각해 보아야 한다.

지나치면
안 된다

얼마 전, 잡지 〈유니타스〉의 권민 대표가 주최하는 세미나의 강사로 참여하게 되었다. 세미나 주제는 "자기다움"이었다. 권 대표는 오랫동안 마케팅, 브랜드 쪽을 연구했고 지금도 브랜드 관련 잡지 〈유니타스〉를 만드는 그 방면의 고수다. 브랜드를 공부하다 보니 자연스럽게 브랜드란 것은 억지로 포장하고 광고하는 것이 아니고 자기다움을 드러내는 것이라는 깨달음을 얻었다고 했다. 기업뿐 아니라 개인도 그렇고, 가장 잘 사는 방법 역시 자기답게 사는 것이란 주장이다. 멋진 깨달음이다. 나는 자기답게 사는 사람 중 한 사람으로 선발되어 강의를 하게 되었다.

그런데 휴식 시간에 어떤 분이 내 생년월일과 일시를 물어보더니 만세력을 두들겨 사주를 봐주었다. 대강의 내용은 이랬다. "불이 많으니 고정된 일보다는 다양한 곳을 다니며 다양한 사람을 만나 불을 뿜어내는 일이 좋습니다. 사주에 식신이 있으니 말과 글로 하는 직업이 맞습니다. 여러 가지로 본인에게 맞는 일을 하는 것 같습니다. 또 몇 년 전부터 대운이 들어와 30년 정도 유지가 되니 말년이 좋겠네요" 등등. 사실 유무를 떠나 내 적성과 맞는 일을 하고 있다는 대목이 마음에 들었다.

그렇지 않아도 그즈음 고미숙의 《나의 운명사용설명서》를 보면서 사주에 관심이 있었는데 이런 일이 있자 사주를 공부해야겠다는 마음이 불같이 일어났다. 다음 날 책방에 가서 몇 권의 사주관련 책을 사서 공부를 시작했다. 의외로 재미있었다. 반복적으로 나오는 말이 있다. "태과太過와 불급不及. 모자라도 안 된다. 하지만 지나친 것이 가장 나쁘다. 치우친 사주보다는 뭔가 균형 잡힌 사주가 안정감이 있다"라는 것이다. 이 말에 전적으로 동의한다. 내가 공부한 바를 짧게 요약하자면 이렇다. "좋은 사주, 나쁜 사주는 존재하지 않는다. 자신의 정체성을 알고 거기에 맞게 행동을 하자는 것인데 핵심은 지나치지 말자는 것이다."

뭐든 지나치면 안 된다. 책을 읽는 것이 중요하긴 하지만 건강을 해치면서까지 독서를 권하고 싶진 않다. 친구가 좋긴 하지만 친구를 만나는 것이 일상에 지장을 주면 곤란하다. 운동도 그렇다. 운동을 하면 좋은 천 가지 이유가 있지만 과도한 운동은 최악이다. 운동에 목숨을 걸다가는 정말 목숨을 잃을 수도 있다. 과도한 운동은 운동을 하지 않는 것만큼이나 건강에 해롭다. 운동선수들의 평균 수명을 보면 이를 알 수 있다. 젊어서는 그렇게 건강해 보이는 선수들이지만 평균 수명은 여러 직업 중에 가장 짧은 편이다. 무리한 운동이 건강을 해친 것이다. 짧지만 효과적으로 꾸준히 하는 것이 최선이다. 일주일에 한 번 몰아서 몇 시간씩 등산을 하는 것보다는 동네라도 하루에 30분씩 꾸준히 걷는 것이 건강에 유리하다. 아주 상식적인 얘기다. 아무리 밥을 굶었어도 한 번에 먹을 수 있는 양은 정해져 있다. 한 번에 왕창 먹고 일주일을 굶으면 무리가 되는 것은 자명하다.

운동에 목숨을 걸었던 친척 형님이 계셨다. 그분은 평생 테니스와 골프에 미쳐 살았다. 평일에도 서너 시간씩 테니스를 쳤고 주말마다 골프를 쳤다. 걸핏하면 36홀을 돌았다. 어떤 날은 새벽 골프를 치고 난 후 오후에 테니스를 나가기도 했다. 다들 운동에 환장한 사람이라고 놀렸다. 덕분에 건강해 보였다. 그런데 환갑이 지나 갑자기 돌아가셨다. 다들 의아해했다. 그렇게 건강에 신경을 썼고 열심히 운동하고 몸에 좋은 것만 챙겨 먹었는데 어떻게 이럴 수가 있느냐고 놀랐다. 나 역시 의아했다. 하지만 요즘 생각해 보면 과도한 운동이 그분의 생명을 단축한 건 아닐까 하는 의심이 든다. 물론 인명은 재천이지만 과도한 운동은 오히려 건강을 위협할 수 있다는 것은 사실이다.

운동 고수들은 중용을 안다

작년 운동 시작 전, 나는 오십견으로, 집사람은 엘보우(팔꿈치)로 고생을 했다. 아내는 전부터 팔목이 약했다. 그래서 명절을 전후해 손목이 아프다는 호소를 가끔 했고 그럴 때마다 설거지를 도와주는 것으로 내 임무를 완수했다고 생각했다. 그러다 말다를 반복했기 때문에 심각하게 생각하지 않았고 원인에 대해서도 궁금해하지 않았다. 그저 무리한 가사일로 인해 생긴 약간의 통증 정도로 여겼다. 하지만 최근에 골프와 뜨개질을 하면서 상황이 악화됐다. 그러던 차에 짐마일로에서 새로운 사실을 배웠다. 테니스나 골프를 치다 오는 엘보우는 한쪽 근육만 썼기 때문에 생기는 병이란 것이다.

이기원 코치의 설명은 이렇다. "길항근이란 개념이 있습니다. 반대되는 근육이란 의미입니다. 예를 들어, 뭔가를 쥘 때 쓰는 근육과 뭔가를 펼 때 쓰는 근육이 따로 있는데 한쪽 근육만 쓰면 상대적으로 반대쪽 근육이 약해지고 균형이 깨지면서 문제가 생깁니다. 예를 들어, 야구 투수는 주로 공을 던집니다. 던질 때는 삼두근을 사용합니다. 삼두근의 반대는 이두근입니다. 삼두근만 쓰다 보면 이두근이 상대적으로 발달하지 못하면서 균형이 깨지고 그러다 부상을 입지요. 투수들의 어깨부상은 대부분 여기서 기인합니다. 그래서 프로야구 스카우터들은 이두근 상태를 보고 선수를 뽑습니다. 이두근을 방치하고 삼두근만 키운 선수는 부상 위험이 높아 기피 대상입니다. 축구도 그렇습니다. 공을 찰 때는 대퇴사두근이 강하게 수축하고 길항근인 슬와근이 이를 잡아 줍니다. 근데 슬와근이 약해지면 균형이 맞지 않아 부상을 입기 쉽습니다. 그렇기 때문에 부상을 방지하기 위해서는 반대 근육을 키우는 운동을 의도적으로 해야 합니다.”

그게 엘보우와 무슨 관련이 있느냐고 질문하자 이렇게 답한다. “엘보우는 손으로 뭔가를 너무 잡기 때문에 옵니다. 골프와 테니스 치는 사람들에게 주로 오는데 계속 클럽을 계속 잡고 있기 때문입니다. 잡는 근육은 발달했지만 펴는 근육은 상대적으로 발달하지 못해서 균형이 깨지기 때문에 오는 겁니다.”

난생 처음 듣는 개념이지만 수긍이 갔다. 그러면 어떻게 해야 하느냐고 질문했다. “원리는 간단합니다. 반대 근육을 강화시키는 훈련을 하면 됩니다.” 그러면서 자신이 개발한 엘보우 치료 운동을 가르쳐 주었다. 팔을 쭉 편 채로 손에 고무줄을 끼고 손바

닥을 쭉쭉 펴는 훈련, 팔을 뒤로 늘어뜨린 채 철봉을 잡고 손목을 감는 훈련, 탁자 위에 팔을 놓고 아령을 들었다 놨다 하는 훈련 등이었다. 대부분의 사람들은 한 번도 해볼 일이 없는 그런 동작이다. 나도 해봤는데 무척 어색했다. 이게 도대체 운동이 될까 하는 회의도 생겼다. 그런데 놀랍게도 이 훈련을 몇 주 동안 하면서 아내의 엘보우가 나았다. 이 코치의 말이 진실이란 게 증명된 것이다.

운동은 내게 중용의 중요성을 가르쳐 준다. 중용은 처신과 연관된다. 조조의 두 번째 정처인 변부인卞夫人 얘기다. 조조는 전쟁을 치른 후 전리품으로 장신구를 얻으면 제일 먼저 그녀에게 좋은 것을 고르게 했다. 근데 변부인은 늘 중간 정도의 것을 골랐다. 그런 일이 반복되자 조조가 이유를 물었고 그녀는 이렇게 말했다. "가장 좋은 것을 고르면 탐욕스럽다고 할 것이고, 가장 형편없는 것을 고르면 위선적이라고 비난할 것이기 때문에 중간 정도의 것을 골랐습니다." 이중텐의 책에 나온 대목이다.

중용中庸이란 극단으로 치닫지 않는 것을 말한다. 목소리도 그렇다. 뭔가 큰 소리를 내는 것은 중용에서 벗어난다. 합리적인 얘기는 큰 소리가 필요 없다. 뭔가 무리한 얘기, 극단적인 얘기를 하려니까 자연히 톤이 높아지는 것이다. 평범한 사람들도 중용을 실천할 수 있다. 핵심은 '중'中보다 '적'適에 있다. 세상에 가장 좋은 것이란 없다. 가장 적당한 것이 있을 뿐이다. 결혼 상대도 그렇다. 가장 좋은 상대란 없고 가장 적당한 짝만이 있을 뿐이다.

뭐든지 지나치면 안 된다. 치우치면 못 쓴다. 운동도 그렇다. 운동을 너무 안 하는 것도 문제지만 지나치게 하는 것도 문제다. 운동의 전도사를 자처하지만 나는 늘 무리하지 않으려고 애쓴다. 너무 오래하지 않고, 너무 무거운 것을 들지 않고, 적당히 하려고 애쓴다. 나는 이렇게 운동에서 삶을 배운다.

심심한 삶이 오래 간다

내 생활은 단순하다. 새벽에 일어나 차를 마시며 명상을 하고 글을 쓴다. 내가 제일 좋아하는 시간이다. 녹차를 마신 후에는 생강차를 마신다. 생강차를 마시면 몸이 더워진다. 이마에 땀이 날 정도가 된다. 추운 겨울에는 제격이다. 어느 정도 글을 쓴 후에는 신문을 읽는다. 일반 신문 두 개와 경제 신문 두 종류를 읽는다. 대강 훑어본다. 좋아하는 칼럼을 읽고, 지인 소식이 실리면 문자를 보낸다. 관심이 가는 기사는 스크랩을 하기도 한다.

오전 10시쯤 되면 지겨워진다. 이때 슬슬 운동을 하러 나간다. 운동을 하면 완전 새 기분이 된다. 무거웠던 머리가 말끔해지고 시장기가 느껴진다. 약속이 있는 경우는 얘기를 나누며 점심을 먹지만 혼자 식사하는 경우도 많다. 나는 혼자 먹는 것도 좋아한다. 오후 강의가 있을 때는 강의를 가고, 그렇지 않으면 산책을 하거나 음악을 듣는다. 책을 읽거나 영화를 보기도 한다. 지인을 만나 한담을 나누기도 한다. 일을 하더라도 집중력이 필요하지 않은 일을 한다. 컴퓨터 파일 정리, 읽은 책의 정보 입력, 글을 쓰기 위한 준비 작업 같은 일들이다. 저녁 약속은 거의 하지 않는다. 아침 강의가 있거나 강의 때문에 지방을 갈 때는 일과가 바뀌기도 하지만 대체로 이런 식으로 하루를 보낸다. 다른 사람이 보기에는 심심하지만 나름의 크고 작은 즐거움이 있다.

한국인이 갖고 있는 공통 정서는 불안이다. 불안은 경쟁으로부터 생긴다. 내 생각에는 음식도 중요한 역할을 한다. 너무 기름지고 자극적인 음식을 많이 먹는다. 술도 너무 자주, 많이 마신다. 심심한 술을 싫어하고 화끈한 폭탄주를 제조하기까지 한다. 음식이 자극적이니 성격도 급해지고 별거 아닌 것에도 화를 내고 냄비처럼 쉽게 끓어오르고 또한 쉽게 식는다. 불교에서는 마늘, 파, 부추, 달래, 흥거, 이 다섯 가지를 오신채五辛菜라고 하며 사용하지 못하게 했다. 대부분 자극이 강하고 냄새가 많은 것이 특징이다. 자극적인 음식을 먹으면 성정이 급해진다는 것을 알았기 때문에 금했을 것이다. 마음의 평화를 위해서는 음식에도 절제가 있어야 한다.

건강을 위해서는 심심한 생활을 해야 한다. 화끈한 것보다는 자잘한 즐거움을 갖는 것이 필요하다. 도파민보다는 세로토닌이 나오는 생활을 해야 한다. 도파민은 화끈한 즐거움을 준다. 신바람을 일으키고, 고통을 잊게 하고, 의욕을 불러일으킨다. 돈을 왕창 벌었을 때, 힘든 경쟁에서 이겼을 때 분비된다. 술, 담배, 마약도 도파민을 분비시킨다. 이런 쾌감은 오래 가지 못한다. 더 큰 자극을 찾게 되고 금단과 중독을 가져온다. 반면 세로토닌은 그렇지 않다. 화끈하지도 자극적이지도 않지만 은은한 즐거움을 준다. 중독증세도 금단증세도 없다. 건강을 위해서는 도파민보다는 세로토닌이 나오는 생활을 해야 한다.《감정은 습관이다》의 저자 박용철은 세로토닌 분비를 위한 다섯 가지 방법을 소개한다.

첫째, 걷기이다. 걸으면 뇌에서 세로토닌이 왕성하게 분비된다. 땀이 뻘뻘 날 정도로, 심장이 터질 정도로 뛰는 것은 좋지 않다. 그렇게 해서 느끼는 쾌감은 도파민에 의한 것이다. 가볍게 걸어라.

둘째, 햇빛을 쐬라. 겨울철과 장마철에는 우울증 환자가 증가한다. 햇빛이 부족해 세로토닌이 부족하기 때문이다.

셋째, 음식을 오래 씹어라. 저작운동을 할 때 세로토닌이 분비된다. 맛을 음미하며 천천히 씹어라.

넷째, 감사하는 마음을 가져라. 남에게 이겼다는 쾌감이 도파민을 분비한다면, 남에게 고마워하는 마음은 세로토닌을 분비한다.

다섯째, 자연과 함께하라. 자연의 푸르름을 느낄 때 세로토닌이 나온다.

종합하면 햇빛 좋은 날, 자연을 느낄 수 있는 곳에서, 주위 사람들에 대한 고마움을 생각하면서 걷는 것이다. 나는 여기에 하나를 추가하고 싶다. 좋은 사람들과 주기적으로 좋은 만남을 갖는 것이다. 같이 만나 차 마시고, 이 애기 저 애기 하고, 서로의 친밀감을 확인하는 것이다. 일주일간의 스트레스를 풀기 위해 이것저것 계획을 세워 보지만 그 많은 활동이 사실 더 큰 스트레스를 유발하는 경우가 많다. 화끈한 것보다는 심심하지만 자잘한 즐거움을 가져야 한다. 도파민보다는 세로토닌이 나오게 해야 한다. 여러분은 어떻게 생각하는가?

4

운동이
가져다준 선물

화가
안 난다

최근 들어 나는 화를 내본 적이 없다. 물론 화나는 일이 없는 것도 아니다. 조금 생각해 보면 화가 날 만한 상황이 최근에도 여러 건 있었다. 자기가 먼저 만나자고 한 후 당일에 갑자기 약속을 취소한 경우도 있고, 방배동을 가자고 했더니 대방동으로 데려다 준 택시기사도 있었다. 새벽에 KTX를 타기 위해 택시를 탔는데 엉뚱하게 88도로를 타는 바람에 아슬아슬하게 도착한 경우도 있었다. 이외에도 꽤 여러 건이 있었는데 솔직히 기억이 잘 안 난다. 원래도 화를 잘 내는 스타일은 아니었지만 요즘은 부쩍 더 그렇다. 어쩌다 이렇게 된 걸까? 가장 큰 이유는 운동 때문인 것 같다. 운동을 한 후 내게 일어난 가장 큰 변화는 화가 나지 않는다는 것이다.

이런 생각을 하게 된 것은 스트레스 전문의 이동환 원장의 강의를 들으면서다. 그의 강의는 재미있고 심플하다. 내용은 이러하다. "본인은 피곤하고, 힘들고, 죽을 지경이라 병원을 갔더니 별 이상이 없다고 합니다. 그런 경우는 대부분 스트레스 때문입니다." 그러면서 20개 항목으로 된 질문지에 답하게 했다.

항목은 다음과 같다. 항목별로 없으면 0, 가끔은 1, 자주는 2로 표시한다. 여러분도 한 번 측정해 보길 권한다.

❶ 스트레스 상황을 얼마나 자주 경험하는가 ___

❷ 특별한 이유 없이 피로를 자주 느끼는가 ___

❸ 8시간 이하로 자는 때가 얼마나 자주 있는가 ___

❹ 불안 또는 우울을 얼마나 자주 느끼는가 ___

❺ 분노를 얼마나 자주 느끼는가 ___

❻ 남을 의식하거나 사회에 적응이 어렵다고 느낀 적이 있는가 ___

❼ 혼란스러워 어찌할 바를 몰랐던 경험이 있는가 ___

❽ 갑자기 성욕이 감퇴되는 것을 느껴본 적이 있는가 ___

❾ 체중이 쉽게 불어나는가 ___

❿ 지속적으로 다이어트를 하고 있는가 ___

⓫ 체중조절을 위한 시도를 얼마나 자주 하는가 ___

⓬ 먹는 음식에 집중을 하는 경우가 많이 있는가 ___

⓭ 갑자기 탄수화물이 먹고 싶은 경우가 있는가 ___

⓮ 기억장애나 집중력 장애를 얼마나 자주 경험하는가 ___

⓯ 긴장성 두통이나 어깨, 목의 근육 긴장을 자주 경험하는가 ___

⑯ 장에 가스가 차거나, 신물이 넘어오거나, 설사, 변비 증
　　상을 자주 경험하는가 ___
⑰ 감기나 몸살에 자주 걸리는가 ___
⑱ 콜레스테롤 수치가 200 이상인가 ___
⑲ 혈당 수치가 100 이상인가 ___
⑳ 혈압이 140/90 이상인가 ___

거기 모인 참석자들은 대부분 대기업 임원들이었는데 평균 15에서 20 사이였고, 25 이상인 사람들도 몇몇 있었다. 그날 내 수치가 가장 낮은 것으로 나타났다. 솔직히 해당사항이 별로 없었다. 나 자신도 놀랄 일이었다. 이 원장은 내게 운동을 얼마나 자주 하느냐, 한 번에 몇 분쯤 하느냐고 물었다. 4~6회 정도 하고 한 번에 한 시간 이내로 한다고 답했다.

이 원장은 이렇게 말했다. "얼룩말이 사자를 만나면 스트레스를 받습니다. 그럼 코르티솔이란 호르몬이 나오는데 이 호르몬은 근육을 긴장시킵니다. 싸우거나 도망가기 위해서지요. 긴급 상황이 끝나면 호르몬도 사라집니다. 운동을 하느라 다 사용한 것이지요. 그런데 인간은 몸을 움직이지 않기 때문에 상황이 끝나도 계속 호르몬이 남아 있고 근육이 굳어져 있습니다. 근육이 굳어지면 혈액순환이 안 되고 몸에 이상이 옵니다. 스트레스를 없애는 최상의 방법은 이 분처럼 운동을 하는 겁니다."

몸과 마음은 연결되어 있다. 몸에 문제가 생기면 마음에 영향을 주고, 거꾸로 마음이 어지러우면 몸도 쉽게 상한다. 스트레

스가 그렇다. 그런데 마음은 우리 의지대로 움직이기 어렵다. 걱정을 인위적으로 없앨 수도 없고, 떠오르는 생각을 잠재우기도 쉽지 않다. 하지만 몸은 마음만 먹으면 조절할 수 있다. 운동이 대표적이다. 이 원장은 수시로 등쪽 승모근을 풀어줄 것과 철봉에 매달릴 것을 권했다. 화가 나는가? 응당 화나는 일이 있어서 그런 것일 수도 있지만 당신 몸이 굳어 있어서일 가능성도 있다. 몸이 화를 내는 것이다.

흔히 화가 나면 술을 마신다. 최악이다. 술을 마시면 근육을 풀어 주는 역할을 하는 마그네슘이 빠져나간다. 그렇지 않아도 화가 나서 몸이 굳었는데 마그네슘까지 줄었으니 다음날 몸은 더욱 더 천근만근이 되는 것이다. 술을 마시는 대신 운동을 하라. 화를 내는 대신 몸을 움직여라. 사우나에 가서 안마를 받으라. 이 원장의 추천이다.

회복탄력성이
높아진다

겉으로 잘 드러나진 않지만 사회적으로 가장 영향력이 센 집단은 드라마와 시나리오 작가들이다. 이들의 생각은 드라마를 통해 그대로 사람들에게 노출되고 이는 사람들의 사고방식에 엄청난 영향을 미친다. 먼저는 긍정적인 면이 있다. 영화로 인해 성폭력사건에 대한 재수사가 시작되고, 억울한 사건은 재조명을 받기도 한다. 반면 부정적인 면도 있다. 대표적인 게 화날 때마다 술을 마시거나 걸핏하면 귀싸대기를 때리고 물을 끼얹는 등의 행동을 보는 것이다.

대부분의 사람들은 평생 그렇게 귀싸대기를 때려본 적도, 맞아본 적도 없다. 물을 끼얹은 적도 없다. 그런데 작가들이 그렇게 써 대니까 화나면 그렇게 해도 되나보다 하고 생각된다. 그래서 얼마 전에는 초등학생이 쉰이 넘은 선생님의 뺨을 때리는 일까지 발생했다.

화가 날 때마다 소주로 병나발을 부는 것도 그렇다. 기분 나쁠 때 먹는 술은 독이나 다름없다. 그런데 우리나라 드라마는 화나는 일이 있으면 자동으로 병나발을 분다. 전 국민을 상대로 그렇게 교육을 하는 거다. 하지만 화가 났을 때 최선의 방법은 운동 혹은 걷기다. 아무리 화가 나도 두 시간쯤 걷고 나면 대부분 풀린다. 앞으로 드라마에서 화가 날 때는 걷거나 뛰는 장면을 볼 수 있었으면 한다.

프랑스의 베르나르 올리비에Bernard Ollivier가 그런 사람이다. 그는 걸으면서 자신을 치유한 대표적인 인물이다. 은퇴한 뒤 그에게는 많은 어려움이 찾아왔다. 사랑하던 어머니가 죽고, 부인까지 애를 낳다 죽자 인생이 싫어져 자살까지 시도한다. 이랬던 그가 걸으면서 점차 치유되기 시작한다. 그는 이스탄불에서 중국 시안까지 1,099일 동안 걸은 후 이를 바탕으로《나는 걷는다》란 여행기를 썼다.

"자살 시도가 미수에 그친 뒤 일단 파리를 떠나자고 생각했다. 석 달 동안 2,300km를 걸으면서 걷기의 즐거움에 빠져들었다. 매일 20km씩 걸으니 내 몸이 젊어지고 있다는 느낌이 들었다. 3주 전만 해도 죽으려 했던 사람이 3주 후 걷기의 즐거움에 취해 버린 거다. 인간이란 걷기 위해 태어난 동물이란 생각을 그때 했다. 신체의 균형이 잡히면 정신의 균형도 잡힌다는 사실을 깨달았다."

이를 바탕으로 소년원 아이들을 걷게 하면서 치유하는 프로그램을 만들었다. 다른 죄수들은 재범률이 80%가 넘는데 이 프로그램에 참여한 죄수들의 재범률은 15%에 불과했다. 걷기가 인간에게 가져다준 선물이다.

'회복탄력성'이란 부정적인 경험을 하면서 밑바닥까지 떨어져도 꿋꿋하게 다시 일어서는 능력을 가리키는 심리학 용어다. 쉽게 말해서 역경을 이겨내는 긍정적인 힘을 뜻하며 이 능력이 클수록 성공할 확률이 높다. 회복탄력성이 높은 사람은 따로 정해져 있는 게 아니다. 운동만큼 이 회복탄력성을 높여 주는 습관은 내가 아는 한 없다.

요즘은 아침마다 처갓집 식구들과 같이 운동을 한다. 처남댁한 명은 몇 해 전 교통사고를 당했다. 그 때문에 다리를 약간 절었다. 그런데 요즘은 런닝머신에서 잘 뛴다. 거의 정상이다. 그녀의 말이다. "오랫동안 한쪽 다리의 감각이 없었어요. 그런데 '굿모닝'(인사를 하는 것처럼 허리를 구부리는 운동인데, 계속 하면 장딴지와 허벅지가 팽팽해진다)이란 운동을 하면서 감각이 살아나는 느낌을 받았어요. 운동이 저를 구원했어요." 또 다른 처남댁은 체력이 약했다. 조금만 뭘 해도 한참을 누워 있어야 했다. 두어 달 운동을 한 후 이제는 활기가 넘친다. 체력이 좋아지니 매사에 긍정적으로 변했다.

나는 자기계발, 리더십 관련 강의를 주로 한다. 하지만 자주 무력감을 느낀다. 과연 이들이 내 말대로 변화에 성공할까, 들을 때는 동의하지만 과연 행동으로 옮길까? 무척 회의가 든다.

요즘 내가 생각하는 변화의 첫 걸음은 몸이다. 몸을 바꾸면 변할 수 있다. 내 자신이 그걸 체험하고 있다. 몸이 건강해지니 정신이 건강해진다. 화가 나지도 않고 화낼 일도 없다. 현재 기업 교육은 대부분 앉아서 강의를 듣는 형태다. 물론 이것도 필요하다. 하지만 몸에 먼저 변화를 주고 이어 강의를 듣는다면 효과는 배가 될 것이다.

화가 나면 걸어라. 근육을 키워라. 당신이 화를 내는 것은 정말 화가 난 것이 아닐 수 있다. 당신 몸이 당신에게 화를 내는 경우도 많다. 변화하고 싶은가? 그렇다면 몸에 관심을 가져라. 몸이 달라지면 정신도 달라질 것이다.

얼굴이 달라진다

우리나라는 성형공화국이다. 압구정을 가보면 모든 건물이 다 성형외과다. 그들의 광고 또한 도를 지나친 것이 많다. 방금 성형을 해 얼굴 전체를 붕대로 칭칭 감고 모자를 푹 눌러쓴 사람을 흔치 않게 볼 수 있다. 수능이 끝난 후 성형외과는 얼굴을 뜯어 고치려는 사람들로 인산인해를 이룬다는 기사도 자주 본다. 외국인까지 한국에 와서 성형을 하는 걸 보면 우리는 성형 선진국임에 틀림없다. 어느 성형외과 광고처럼 "어머니 날 낳으시고, 원장님 날 만드신" 게 맞는 것 같다.

누구나 아름다워지고 싶어 한다. 이를 위해서는 두 가지 방법이 있다. 하나는 물리적 방법이고 다른 하나는 화학적 방법이다. 물리적 방법은 성형으로 얼굴을 고치는 것이다. 비용이 많이 들고, 부작용도 있으며, 잘못하면 원래만도 못한 추한 얼굴이 될 수도 있다. 다른 사람이 못 알아볼 수도 있다. 리스크가 크다. 워낙 상태가 좋지 않은 사람에게만 권한다.

화학적 방법은 얼굴에 손을 대지 않고 얼굴을 고치는 방법이다. 비용은 거의 들지 않는다. 부작용도 없다. 다만 시간과 노력이 많이 든다. 그 방법을 소개한다.

첫째, 적당한 운동이다. 운동은 최적의 성형법이다. 얼굴과 몸매를 위한 최고의 시술이다. 예뻐도 투실투실하면 이목구비가 묻힌다. 예뻐도 운동을 하지 않으면 피부가 푸석푸석하다. 예뻐도 몸이 부실해 어깨를 늘어뜨리고 구부정하게 걸으면 폼이 나지 않는다. 운동은 최고의 화장품이다. 난 운동만한 화장품을 본 적이 없다. 땀을 흘린 후 샤워를 하면서 얼굴을 만져보라. 평상시와는 확연히 다르다는 것을 알 수 있다. 주기적으로 운동한 사람은 혈색이 다르다. 운동한 얼굴은 스킨로션만 발라도 빛이 난다. 운동과 담을 쌓은 푸석푸석한 얼굴은 비비크림을 두껍게 발라도 빛이 나지 않는다. 난 중요한 모임에 나가기 전에 반드시 운동으로 화장을 한다.

둘째, 자주 웃어라. 감정을 드러내라. 좋은 건 좋다고 하고 싫은 건 싫다고 해라. 특히 웃는 게 중요하다. 예쁜 여자가 늘 찡그린 것과 다소 미모가 떨어지는 여자가 밝게 웃는 것을 비교해 보라. 웃음은 부족한 외모를 보충하는 최고의 도구이다. 웃는 건 최상의 얼굴 운동이다. 표정변화 없이 하루 종일 있다고 생각해 보라. 그건 사는 것이 아니다. 그런 생활을 오래 하면 얼굴이 금방

늙는다. 젊음을 유지하기 위해서는 운동이 필요하고 이는 얼굴도 마찬가지다. 당신의 표정은 어떤가? 두꺼운 페르소나 때문에 거의 감정을 드러내지 않는 편인가? 아니면 수시로 표정변화가 일어나는가? 예뻐도 표정에 변화가 없으면 죽은 사람 같다. 반대로 인물이 없어도 잘 웃거나 표정변화가 크면 생생한 느낌을 받는다.

언어가 표정을 바꾼다는 글을 읽은 적이 있다. 영어를 쓰는 미국인들은 얼굴이 밝고 러시아어를 쓰는 사람들은 얼굴이 어둡다는 내용이다. 여의도에 있는 아저씨들은 하나같이 입 꼬리가 처졌다. 안성기 같은 배우는 환갑이 넘었지만 입꼬리가 올라갔다. 주름은 많지만 청년 같은 이미지를 준다. 당신의 입 꼬리는 어떤가? 얼굴 운동을 하라. 수시로 얼굴을 움직이고 입에 볼펜을 물어보라. 그냥 밝은 표정을 지어보라. 그것만으로도 큰 변화가 일어날 것이다.

셋째, 좋은 생각을 하라. 긍정적인 생각을 하라. 미움을 버리고 그 자리를 사랑으로 채우라. 사랑을 하면 예뻐진다는 건 만고불변의 진리다. 누군가를 미워하면 미워하는 사람의 얼굴이 망가진다. 생각이 얼굴을 바꾼다. 좋은 생각을 많이 하면 좋은 얼굴이 나오고 심술궂은 생각을 많이 하면 심술궂은 얼굴이 된다. 그럴 수밖에. 얼굴은 생각의 반영이기 때문이다.

"얼굴이란 안의 것이 밖으로 뛰쳐나와 만들어지는 것이다. 얼굴보다 그 사람의 속마음을 더 잘 보여 주는 것은 없다. 그러니 좋은 생각을 많이 하고, 좋은 감정을 많이 키워라. 이것은 일종의 정서적 운동이다. 기쁨은 가장 좋은 화장품이요 마음의 영양제이다. 보통 사람이 할 수 있는 가장 창조적인 행위 중 하나는 자신의 얼굴을 아름답게 만들어 가는 일이다." 구본형 소장의 말이다.

넷째, 갖고 싶은 얼굴을 그리고 이를 간절히 원하라. 여러분은 어떤 얼굴을 원하는가? 난 이런 얼굴을 갖고 싶다. 늘 미소를 짓고, 거의 화를 내지 않고, 언제라도 그 사람에게 가면 위로를 받을 수 있는 그런 얼굴을 갖고 싶다. 어린애 같은 호기심과 장난기 가득한 그런 모습을 갖고 싶다. 지적이지만 사람에 대한 관심과 애정이 그득한 얼굴을 갖고 싶다. 하루하루 사는 것이 재미있어 어쩔 줄 모르는 그런 모습을 갖고 싶다. 많이 웃어 생긴 주름으로 가득한 그런 얼굴을 하고 싶다. 보는 것만으로도 젊은이들이 닮고 싶어 하는 그런 얼굴을 갖고 싶다. 삶의 기쁨으로 가득 찬 그런 얼굴을 갖고 싶다. 백 마디 말이 필요 없는 얼굴을 갖고 싶다. 될 수만 있다면 자비로운 큰 바위 얼굴처럼 늙고 싶다.

젊어서는 부모가 준 얼굴을 갖고 산다. 하지만 쉰이 넘어가면 받을 만한 자격이 있는 얼굴을 갖는 법이다. 좋은 DNA를 가진 사람도 마음을 잘못 쓰면 얼굴이 망가진다. 반대로 그저 그런 얼굴을 가졌어도 마음을 잘 쓰면 멋진 얼굴로 바꿀 수 있다. 나이가 들수록 우리는 자기 얼굴에 책임을 져야 한다.

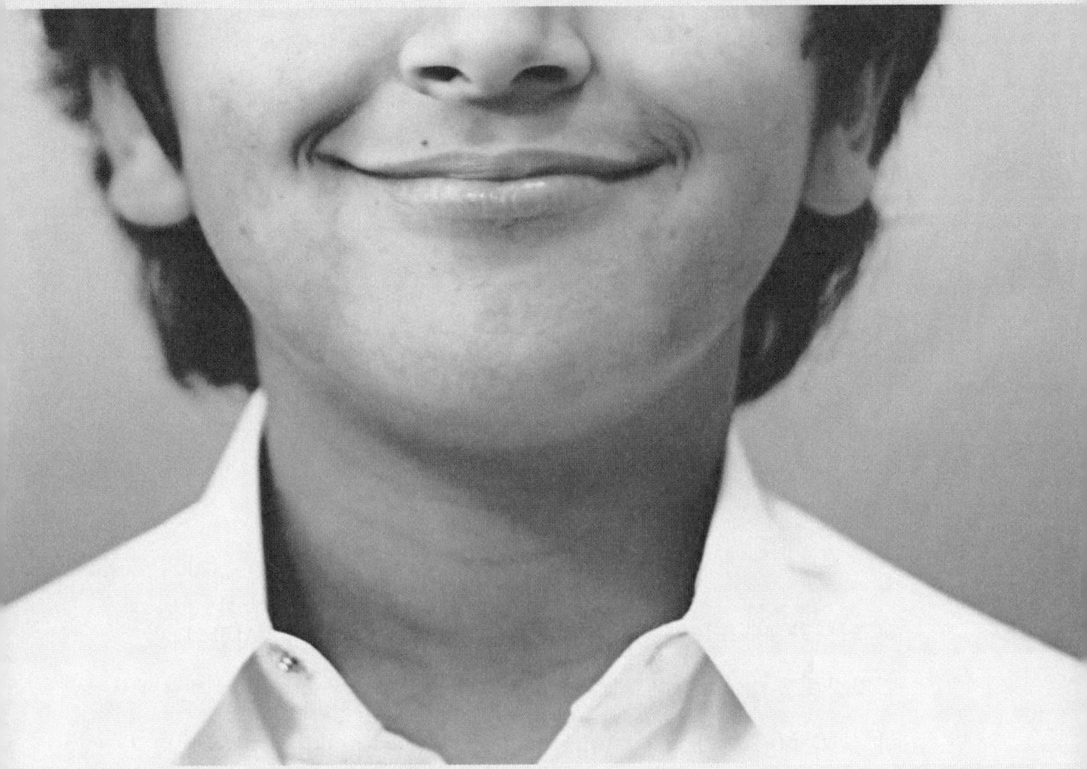

웃음은 부족한 외모를 보충하는 최고의 도구이다.
웃는 건 최상의 얼굴 운동이다.
당신의 입 꼬리는 어떤가?
얼굴 운동을 하라.
수시로 얼굴을 움직이고 입에 볼펜을 물어보라.
그것만으로도 큰 변화가 일어날 것이다.

동안
피부

꼭 의사가 아니더라도 사람의 모습을 보면 어느 정도 그 사람의 건강상태를 알 수 있다. 사람의 모습은 그 자체로 많은 정보를 준다. 그가 어떤 사람인지, 어떤 습관을 갖고 있는지, 마음이 편한지 아닌지, 사랑이 있는지 미움이 있는지, 사람을 편하게 하는지 불편하게 하는지, 부지런한 사람인지 아닌지 등등. 나 역시 수많은 사람을 만나다 보니 반 관상쟁이가 됐다. 의도하지 않아도 사람의 몇 가지만 보면 그가 어떤 사람인지, 건강상태가 어떤지, 어떻게 살아왔는지가 대충 짐작이 된다.

첫째, 얼굴이다. 얼굴은 그 사람이 어떤 사람인지 알려 준다. 찰색察色이나 눈에는 많은 정보가 담겨 있다. 주기적으로 운동하는 사람과 그렇지 않은 사람은 대번에 차이가 난다. 운동하는 사람은 피부에서 빛이 나고 전체적으로 활기가 넘친다. 생전 운동이라곤 모르는 사람은 풀기가 없다. 어딘가 가라앉아 있다. 술 담배를 많이 하는 사람은 피부가 푸석푸석하고 잔주름이 많다. 눈에 취기가 남아 있다. 눈이 맑고 투명하고 피부에서 윤이 나는 사람은 그 자체로 건강하다는 증거다.

둘째는 몸매다. 골프를 잘 치는 사람은 척 보면 알 수 있다. 몸매만 봐도 알 수 있다. 만삭의 몸으로 싱글을 치는 건 쉽지 않다. 몸은 그 자체로 많은 얘기를 한다. 자기관리를 잘 한 사람은 몸매와 자세도 다르다. 허리가 꼿꼿하고 잘록하며 몸에 균형이 잡혀 있다. 들어갈 때 들어가고 나올 때는 나왔다. 역삼각형의 몸을 갖고 있다. 자기관리가 안 된 사람은 반대다. 들어갈 때 나오고, 나올 때는 들어갔다. 다리는 가늘고 허리는 두꺼운 항아리 같은 몸이다.

셋째, 목소리다. 얼굴만큼 목소리도 중요하다. 아니 얼굴보다 더 많은 정보가 담겨 있다. 목소리를 들어보면 그 사람의 지적 수준과 건강 상태를 알 수 있다. 술 담배를 많이 하면 목소리가 쉬고 갈라지고 쇳소리가 난다. 가수 김현식의 마지막 앨범을 들어보면 살날이 얼마 남지 않았다는 것을 짐작할 수 있을 정도다. 은쟁반에 옥구슬이 굴러가는 목소리는 그 자체로 건강의 증거다.

동안童顏 열풍이 거세다. 동안 대회까지 열리고 수많은 사람이 동안을 위해 물불을 가리지 않는다. 이것이 비판할 일일까? 그렇지만은 않다. 동안은 단순히 젊어 보이는 것을 넘어선다. 보기 좋은 떡이 먹기도 좋은 법이다. 겉이 멀쩡하다는 건 속이 건강하다는 증거이다. 사람도 그렇다. 속이 건강해야 겉이 멀쩡하게 보인다. 동안은 건강하다는 증거다. 동안을 가진 사람은 실제로도 건강한 사람이다. 실제 젊기 때문에 젊어 보이는 것이다. 건강이 뒷받침 되어야 가능한 일이다. 나이보다 늙어 보인다는 것은 실제 몸도 그만큼 늙어 있다는 증거다. 피부가 칙칙하고, 허리가 구부정하고, 머리가 빠지고, 임산부 같은 배를 갖고 있다는 건 육체적으로 늙었다는 것을 의미한다.

물론 타고나길 동안인 사람들이 있다. 하지만 후천적인 노력이 더 중요하다. 동안은 습관이다. 어떤 습관을 갖고 있느냐가 그 사람의 건강을 좌우하고 거기에 따라 얼굴도 달라지는 것이다.

인문학자 고미숙은 얼굴에 대해 이렇게 얘기한다. "얼굴은 오장육부의 아바타다. 눈은 간이요, 귀는 심장이며, 코는 폐고, 혀는 신장이다. 얼굴이 정기신精氣神이고, 오장육부다. 관계는 존재에 선행한다. 이것이 있으매 저것이 있고, 저것이 사라지매 이것이 생겨난다. 이것과 저것 사이의 위계는 없다. 미시적인 것과 거시적인 것의 구별도 무의미하다. 그 모든 것이 뫼비우스의 띠처럼 하나로 맞물려 돌아간다." 한 마디로 얼굴을 보면 그 사람의 건강 상태, 내장 상태를 알 수 있다는 말이다.

우리말에는 속과 관련한 말이 많다. 속상한다, 환장한다, 속이 뒤집어진다는 말이 그렇다. 환장換腸은 장이 꼬인다는 말의 한자말이다. 동안을 위해서는 속이 편해야 한다. 속이 편하려면 무엇보다 마음을 잘 다스려야 한다. 음식을 가려 먹어야 한다. 운동을 통해 몸을 다스려야 한다. 동안은 단순히 어려 보이는 얼굴이 아니다. 그 이상이다. 자신을 잘 다스린 사람에게 오는 선물이다. "스무살 얼굴은 하늘의 선물이고, 50세 얼굴은 자신의 공적이다." 코코 샤넬의 말이다. 여러분은 자신의 얼굴에 대해 어떻게 생각하는가?

삶은
예술이
된다

난 만나는 사람들의 얼굴을 꼼꼼히 보는 편이다. 그래서 가끔 집 사람으로부터 핀잔을 듣는다. 특히 아름다운 얼굴을 보면 더욱 그러하다. 호스피스 시설을 방문했을 때 그곳에서 일하는 자원봉사자가 그랬다. 그렇게 아름다울 수 없었다. 젊지도 않고, 화장을 한 것도 아니고, 비싼 옷을 입은 것도 아닌데 몸 전체에서 빛이 나고 그렇게 우아할 수가 없다. 힘든 일을 하면서도 얼굴에 가득 찬 미소, 기쁨, 평안함, 사랑……. 그들은 살아있는 천사였다.

얼마 전 KTX에서 몸이 편찮은 어머니를 모시고 창원에서 서울까지 올라가는 딸의 모습을 통해서도 비슷한 감동을 경험했다. 자기 힘으로 거의 거동을 못하는 엄마를 지극정성으로 보살핀다. 말을 걸고, 무언가를 먹여 주고, 수시로 주물러 주었다. 때론 엄마의 얼굴을 두 손으로 꼭 싸안고 볼을 비볐다. 마치 엄마가 아이에게 하듯 그랬다. 얼굴 전체에 사랑이 넘쳤다. 최고의 미인이었다. 인간의 얼굴을 한 천사에게 말을 걸고 싶은 걸 겨우 참았다. 고인이 된 만델라의 얼굴도 아름다웠다. 절대 잘 생긴 얼굴은 아니지만 자애로움, 편안함, 모든 것을 다 이해해 줄 것 같은 그 무엇이 느껴지는 얼굴이다.

얼굴의 어원은 '얼꼴'이다. 얼이 담긴 꼴이란 의미다. 젊어서는 얼굴만으로 그 사람이 어떤 사람인지 판단하기 어렵다. 젊음이 얼굴을 가려 주기 때문이다. 하지만 나이가 들면 얼굴만으로도 많은 것을 알 수 있다. 얼굴은 많은 것을 말해 준다. 얼굴은 마음의 간판이고 생활의 기록이다. 얼굴은 정직한 생활기록부와 같다. 그 사람이 어떤 인생을 살았는지 말해 주는 삶의 대차대조표다. 무슨 생각을 하느냐가 얼굴에 그대로 반영된다. 매사에 감사하고 남을 도우려는 생각을 하는 사람은 그것이 얼굴에 나타난다. 야비한 마음을 갖고 있으면 얼굴도 자연히 야비하게 바뀐다. 탐욕스런 사람은 얼굴 곳곳에 욕심덩어리가 남아 있다.

오래전, 나와 교류가 있었던 어떤 사람이 있다. 말을 들어보면 그 사람처럼 윤리적이고, 사람을 위하고, 원칙 중심으로 사는 사람은 없었다. 그런데 얼굴에는 심술과 탐욕이 덕지덕지 붙어 있었다. 말하는 것과 얼굴이 연결되지 않았다. 무언가 찜찜했는데 아니나 다를까 시간이 지나자 본색이 드러났고 난 그와 더 이상 상종을 하지 않았다. 내 예상이 맞았던 것이다. 반대로 영혼이 맑은 사람들은 얼굴에 그 맑음이 드러난다. 얼굴에 "난 착한 사람입니다. 난 절대 사고 칠 사람이 아닙니다"라고 쓰여 있다. 얼굴은 단순히 신체의 일부분을 넘어선다.

얼굴은 바로 그 사람이다. 얼굴을 보면 그가 어떤 사람인지 알 수 있다. 난 사람의 말보다 그 사람의 얼굴, 몸, 목소리, 표정을 많이 본다. 그런 것들이 더 많은 사실을 이야기해 준다. 사람의 얼굴은 하나의 풍경이며 한 권의 책과도 같다. 젊을 때는 찌질했으나 세월이 흐른 후 멋지게 변하는 사람이 있다. 반대로 장동건 같이 잘 생겼던 사람이었는데 나이가 들면서 추하게 변하는 경우도 종종 있다. 얼굴은 결코 거짓말을 하지 않는다. 젊어서는 부모가 준 얼굴을 갖는다. 쉰이 넘어가면 받을 만한 자격이 있는 얼굴을 갖는다. 그러므로 나이가 들수록 자기 얼굴에 책임을 져야 한다. 법정스님이나 김수환 추기경의 얼굴은 그 자체로 예술이다.

이를 위해 밝은 얼굴을 가져야 한다. 잘 생긴 얼굴은 우리 힘으로 어떻게 할 수 없지만 훤한 얼굴은 우리의 노력 여하에 달려 있다. 밝은 생각을 하면 된다. 긍정적으로 생각하면 가능하다. 밝은 얼굴은 성숙의 증거다.

무슨 생각을 하고 어떤 삶을 사느냐에 따라 얼굴은 변한다. 물론 운동을 꾸준히 한다고 자동으로 이런 얼굴이 되는 것은 아니다. 하지만 욕심과 아집으로 굳어진 몸을 가지고는 아무것도 할 수 없다. 운동은 사추기 인생 혁명의 시작이며, 삶의 반환점을 도는 모든 사람들을 위한 선물이다.

감정의
촉이
발달한다

예능 프로그램 '꽃보다 누나'를 재미있게 보고 있다. 잘 생긴 이승기와 여배우들의 여행은 그 자체로 한 폭의 풍경화다. 웅장하고 아름다운 자그레브 성당에서 기도를 하다 김자옥이 갑자기 운다. 곧 이어 기도를 하던 김희애도 운다. 물어보니 이유가 없단다. 아마 남한테 설명할 수 없는 감동 내지는 다른 감정 때문이었을 것이다. 역시 연기는 아무나 하는 것이 아니라는 생각이 든다. 연기자는 잘 느끼고, 이를 잘 표현하는 직업이다. 남들보다 감수성이 예민해야만 할 수 있는 일이다. 나 같은 사람은 도저히 울래야 울 수 없는 장소와 시간에서 그들은 펑펑 운다.

반대의 경우도 많다. 강의 때 "최근 행복했던 기억이나 사건"에 대해 가끔 물어본다. 대부분의 아저씨들은 없다고 말한다. 뭔 놈의 행복이냐고 되묻는 사람도 있다. 육체의 나이는 마흔이지만 감정적으로는 사망선고를 받은 사람이다. 천왕봉에 오른 한 아저씨는 소감을 묻는 지인에게 "뭐 더 볼 거 있어요? 그게 그거지"라고 무덤덤하게 말하기도 했다. 이런 사람들은 도대체 무엇을 더 봐야 감동을 하고 감탄을 할까?

여러분은 감정의 촉이 발달했는가? 불쌍한 사람을 보면 측은한 마음이 생기고, 불의를 보면 못 참는가? 최근 행복했던 기억은 무언가? 하루에 몇 번이나 호탕하게 웃는가? 펑펑 울어본 기억은? 여중생들은 지나가는 참새만 봐도 웃는다. 내 나이 정도되는 아저씨들은 대부분 일주일 내내 웃을 일이 없다. 아니 웃을 일이 있어도 웃지 않는다. 감정이 메말랐기 때문이다. 삶에 지쳐 뭔가를 봐도 감흥이 일어나지 않기 때문이다.

말 못하는 아기들은 표정이 살아 있다. 표정으로 모든 걸 표현한다. 아기들 표정을 보면 많은 걸 알 수 있다. 불편한지, 기분이 좋은지, 배가 고픈지, 응가를 하려는지 등등. 노련한 엄마들은 표정만을 보고 뭐가 필요한지 척척 대응한다. 자라면서 사람들의 표정은 굳어지고 화석화되어 간다. 표정이 아니더라도 말로 할 수 있기 때문이다. 굳이 표정으로 뭔가를 표현할 필요성이 줄어든다. 또 자신의 속내를 감출 필요성도 생긴다. 경우에 따라 속내와는 다른 얘기도 해야 한다. 그러면서 표정을 감추는 데 능해진다. 이런 식으로 표정이 아예 사라지는 경우도 있다.

표정表情은 한자말 그대로 겉으로 드러난 정情을 의미한다.

표정은 감정이다. 감정은 느끼는 능력이다. 표정이 살아 있다는 것은 감정이 살아 있다는 의미다. 표정이 살아 있으면 젊어 보인다. 표정이 없거나 변화가 적으면 늙어 보인다. 멋진 주름은 그 자체로 잘 살아왔다는 징표다. 보톡스는 근육을 마비시켜 주름을 없앤다. 주름은 사라질지 모르지만 그 때문에 감정도 사라진다. 표정을 살릴 것인가, 아니면 주름을 없앨 것인가?

얼굴은 그 사람의 생각과 생활을 끊임없이 반영한다. 우리는 그 사실을 잘 알고 있다. 그래서 오랜만에 만난 사람들과 가장 먼저 하는 애기도 얼굴에 관한 것이다. "너 얼굴 좋아졌다. 좋은 일 있었어? 좀 까칠해졌네. 무슨 일이야?" 얼굴이란 안의 것이 밖으로 뛰쳐나와 만들어지기 때문이다. 늘 남을 미워하고 원망하면서, 시기 질투하면서, 못된 생각을 하면서 훤하고 보기 좋은 얼굴을 가질 수는 없다. 아름다운 얼굴을 갖기 위해서는 먼저 아름다운 마음을 가져야 한다. 좋은 생각을 많이 하고, 좋은 감정을 많이 키우는 것이다. 매사에 감사하고 늘 어떻게 하면 남을 도울지를 생각하는 것이다. 심각한 일도 가볍게 웃어넘길 수 있어야 한다.

"지혜로움을 나타내는 가장 분명한 표현은 명랑한 얼굴이다." 몽테뉴의 말이다. "사람의 얼굴은 하나의 풍경이며 한 권의 책이다. 얼굴은 결코 거짓말을 하지 않는다." 발자크의 말이다. 내 얼굴은 내가 책임져야 한다.

건강을 위해서는 심심한 생활을 해야 한다.
화끈한 것보다는 자잘한 즐거움을 갖는 것이 필요하다.
건강을 위해서는 도파민보다는 세로토닌이 나오는 생활을 해야 한다

웃는
일이
많아진다

내가 사람을 평가하는 기준 중 하나는 웃는 표정이다. 잘 웃느냐, 웃지 않느냐, 평상시 화난 얼굴로 있느냐, 평온한 표정을 유지하느냐를 본다. 물론 잘 웃고 편안한 표정의 사람을 선호한다. 늘 웃는 사람에게는 나도 모르게 미소를 짓게 되고 짜증 가득한 얼굴을 한 사람 앞에서는 나도 모르게 움츠러든다.

당신은 어떤 사람인가? 돈이 많은지, 적은지, 지위가 높은지, 낮은지는 궁금하지 않다. 잘 웃는가, 그렇지 않으면 늘 인상 쓰고 있는가? 본인은 웃는다고 생각하지만 상대는 반대로 생각하는 것은 아닌가? 억지웃음을 짓는가, 아니면 저절로 미소 띤 얼굴이 되는가? 당신 주변 사람들과 직원들은 어떤가? 웃음이 없다는 것은 뭔가 문제가 있다는 것이다. 개인도 그렇고 조직도 그렇다. 별다른 문제가 없는데 웃음이 사라졌다고? 그럼 더 큰 문제다. 문제가 없어도 웃지 않는데 문제가 생기면 어떨 것인가?

얼마 전 인사 관련 회사의 주최로 세미나가 열렸다. 연구인력 R&D의 중요성이 높아지는 시점에서 어떻게 인재를 뽑고 운영할 것인지에 대한 세미나였다. 나를 포함한 세 사람이 강연을 하고 거기에 대해 얘기를 나누는 형태로 진행됐다. 30명 정도가 참석한 미니 세미나였다. 일방적인 강연보다는 강연이란 마중물을 부은 다음 모두가 고민을 나누고 지혜를 모을 목적으로 만들어졌다.

대부분의 기업은 한 명만 왔는데 어느 대기업은 10명 정도가 단체로 참여했다. "연구원들은 다른 조직에 비해 전문가 집단이라 칼라도 다르고 DNA도 다르다. 다른 집단처럼 운영해서는 곤란하다. 제도도 그들의 특성에 맞게 새로 만들고 운영 방식도 달리 해야 한다." 난 그런 취지의 설명을 하고 그들의 반응과 고민 토로 등을 기대했다. 하지만 이들의 표정은 얼음 그 자체였다. 별 반응도 없고 자기들끼리 수군거렸다. 쉬는 시간에도 자기들끼리만 차를 마시고 얘기했다. 무엇보다 이들의 얼굴에서 웃음을 찾기가 힘들었다. 속으로 이런 생각이 들었다. '자기들끼리 얘기할 거면 뭐 때문에 여기 온 거야? 저 사람들은 왜 저렇게 도도할까? 사람을 다루는 인사 쪽 사람들 관상이 저래서 회사가 잘 돌아갈까?'

얼마 후 그 회사 고위 임원 몇 사람에게 그 얘길 했더니 그들 역시 인사 쪽에 대한 불만이 많다면서 이런 말을 했다. "우리 회사의 인사부는 너무 딱딱하고 관료적이에요. 조직문화가 그래요. 사람보다는 규정이 앞서지요. 구성원의 이익보다는 규정을 중시합니다. 상벌위원회에서 늘 강성 발언을 하는 곳 역시 인사쪽입니다. '인사' 하는 사람들이 사람 편을 들지 않고 회사 편만 드는 게 이상해요. 전혀 웃지 않고 째려본다는 생각이 들어 그 사람들과 얘기할 때는 늘 긴장이 됩니다."

왜 웃는 것이 중요할까? 우선 나를 위해 좋다. 긴장하면 근육이 뭉치고 얼굴 표정이 사라진다. 일을 할 때는 그래도 된다. 하지만 계속 긴장해 있으면 건강을 해친다. 긴장을 풀기 위해서는 얼굴 근육을 풀어주어야 한다. 그게 웃음이다. 난 의도적으로 아침에 웃으면서 얼굴 근육을 푼다. 의도적으로 얼굴 표정을 푼다. 아침 6시 20분에 온 가족이 함께 식사를 하는데 의도적으로 실없는 소리를 자주 한다. 딸들은 그런 나를 놀리면서 자연스럽게 웃게 되고 그러다 보면 기분이 좋아진다. 웃는 것은 나를 위해서도 다른 사람을 위해서도 좋은 일이다. 또 이런 감정은 전염된다. 내가 웃으면 가족이 웃고, 웃는 가족은 또 다른 사람에게 웃음을 준다.

웃는 것과 얼굴 근육을 푸는 일은 의도성이 있어야 한다. 어느 정도 노력이 필요하다는 얘기다. 긴장하고 짜증 내고 인상을 쓰는 데는 노력이 필요없다. 그냥 그대로 하면 된다. 거의 인상을 쓰면서 사는 사람들이 있다. 한 가정의 가장이 인상을 쓰면 가정이 어두워진다. 한 조직의 장이 성질을 부리면 조직 전체가 살벌해진다. 만약 당신이 웃지 못한다면 그 자체로 유죄란 것이 내 생각이다. 웃지 않는 자, 유죄다. 여러분 생각은 어떤가?

담배를
좋아하시나요?

난 사실 담배에 대해 뭐라 말할 자격이 없다. 오래전에 끊었지만 술을 마시면 아직도 담배 유혹을 느끼기 때문이다. 수많은 사람들이 금연에 대해 얘기하는 마당에 나까지 보탤 것은 없다. 오히려, 가끔 담배 피우는 사람을 옹호하고 싶기도 하다. 워낙 구박을 받기 때문이다. 나름 절실한 사정이 있고, 효용성이 있기도 하지 않을까 생각해서다. 그러다 우연히 박범신이 쓴 "흡연이 때로 나를 구했다"란 〈한겨레신문〉의 칼럼을 봤다. 그중 일부를 인용한다.

"그래서 나는 묻고 싶다. 고된 노동이 끝났을 때, 창조적인 작업의 고통스런 단애와 직면했을 때, 인생을 실패했다고 여길 때, 나 혼자뿐이라는 절상의 고독과 마주쳤을 때, 죽고 싶을 때, 담배 한 개비가 주는 위로와 치유, 또는 부활을 위한 신비한 발화, 향기로운 성찰을 정책입안자들이 한 번이라도 고려해 본 적이 있는가. …… 천만 흡연자들이 몸에 안 좋은 것을 알면서도 여전히 담배에 불을 붙이고 있는 것은 나름대로 자신만 알고 있는 내적 개연성을 갖고 있기 때문이다." 잘 쓴 글이다. 흡연자들의 마음을 잘 헤아렸다.

1980년대 중반 미국 유학시절, 그곳은 이미 금연국가였다. 좀 배운 사람들은 대부분 담배를 피우지 않았다. 주변에 담배를 피우는 사람이 거의 없었다. 나를 비롯한 한국에서 온 학생들만 열심히 담배를 피워 댔다. 연구실이 있던 윗비Whitby 홀 빌딩 전체를 통틀어 담배를 피우는 사람은 나와 동료 한국인 유학생 둘뿐이었다. 처음에는 독방 연구실에서 창을 열고 피웠다. 화장실에서도 피웠다. 인도 유학생 한 명은 니코틴 알레르기가 있다면서 여러 번 담배를 피우지 말았으면 좋겠다는 충고를 했다. 나는 무시하고 계속 피웠다.

그러던 어느 날 화장실 입구에 "Mr. Han, Please don't smoke(한선생, 제발 담배 좀 피우지 마세요)"라고 대문짝만하게 방이 붙었다. 정말 창피하고 쪽 팔렸다. 지나가는 사람마다 보면서 킥킥 웃었다. 할 수 없이 그날부터 밖에서 피우기 시작했다. 날씨가 좋을 때는 상관이 없었지만 추운 날씨에 밖에서 덜덜 떨면서 담배를 피우는 것은 모양새가 좋지 않았다. 그래도 끊지 못했다.

한국에 오니 다들 담배를 피웠다. 끊을 필요가 없었다. 어디서나 담배를 피웠다. 미친 듯이 피웠다. 장소와 시간을 불문하고 피웠다. 주변에서 하도 피우니 내가 안 피워도 어차피 피우는 것과 같았다. 남의 담배냄새 때문에 피해를 입느니 차라리 나도 피우자라고 생각했다. 그러다가 한국리더십센터라는 교육전문 회사에 가면서 끊게 됐다. 리더십과 자기관리를 가르치는 곳이고 여성들이 많아 담배 피우는 사람이 거의 없어 쉽게 끊을 수 있었다. 이제 담배를 끊은 지 10년이 넘었다. 하지만 아직도 술을 많이 마시면 담배에 대한 유혹을 느낀다. 아마 죽을 때까지 담배로부터 자유로울 수 없을 것 같다.

지금 내 주변엔 담배를 피우는 사람이 거의 없다. 친구들은 거의 다 끊었다. 자주 만나는 사람 중에 담배를 피우는 사람은 없다. 식사 때도, 술을 마실 때도 담배를 피우지 않는다. 그러다 보니 담배는 남의 나라 일처럼 되었다. 그런데 사람은 참 간사하다. 한때 나도 그렇게 피웠으면서 담배 피우는 사람을 보면 은근히 깔보는 마음이 생긴다. 우리 아파트에 열심히 담배를 피우는 노인이 있다. 추운 겨울, 새벽부터 밖에 나와 담배를 피운다. 측은지심이 든다. 저 나이에 웬만하면 집에서 피우지 이런 날씨에 밖으로 나왔을까 생각이 들면서, 다른 한편으론 저런 구박을 받느니 차라리 끊고 말지라는 마음도 든다. 하지만 저 사람도 예전의 나처럼 나름 이유가 있을 지도 모른다고 생각한다.

돌아가신 아버지도 담배를 좋아했다. 평생 끊지 못하고 돌아가셨다. 술도 안 하시고, 사교적이지도 않았던 아버지에게는 유일한 취미였다. 어머니가 그렇게 잔소리를 해도 몰래 밖에서 피우셨다. 그러다 걸리면 초등학생처럼 어머니에게 잔소리를 들으

섰다. 그 나이에 차라리 떳떳하게 피우셨으면 더 좋았을 것을. 아버지는 담배를 피운 대가를 말년에 지불했다. 협심증에 후두암으로 고생을 하셨고 결국 폐암으로 전이돼 돌아가셨다. 암 진단을 받고도 담배를 피우셨는데 그만큼 담배는 치명적 유혹이다.

아버지가 암 병동에 계실 때 큰 충격을 받았다. 다른 병동과는 달리 그곳에서는 죽음의 냄새가 났다. 아버지의 병환은 단순히 아버지만의 문제로 그치지 않았다. 어머니는 모든 일을 전폐하고 간호에 매달렸다. 나를 비롯한 다른 자식들의 삶도 엉망이 되었다. 한 사람이 아프면 그 가족에게는 폭탄이 떨어진 것과 같다는 사실도 알게 됐다. 그 사건은 "좋아하는 담배를 마음껏 피우다 짧고 굵게 가겠다"는 내 결심을 흔들었다. 짧고 굵게 사는 것이 쉽지 않다는 걸 알았다. 나로 인해 주변 사람들이 힘들 수 있다는 깨달음도 얻었다. 담배에 대한 당신 생각이 궁금하다.

마음이 괴로운가? 사는 게 힘든가?
최선의 치료법은 몸을 괴롭히는 것이다.
인수봉 암벽에 매달려 보라.
자일을 놓치면 천길 낭떠러지로 떨어질 수도 있다.
하루 종일 북한산을 타보라. 지리산 종주를 해보라.
1박2일간 올레길을 걸어 보라.

걸으면 살고 누우면 죽는다

건강의 최대 적은 비만이다. 비만인 사람들의 공통점은 죽어도 안 걷는다는 점이다. 3보 이상은 무조건 차를 탄다는 철학을 갖고 있다. 일단 비만의 궤도에 올라서면 벗어나기가 쉽지 않다. 살이 찌면 그에 비례해 움직이기 싫어진다. 걷는 것을 귀찮아한다. 그렇게 점점 비만의 늪으로 빠져든다. 이 악순환의 틀을 벗어나는 최선의 방법은 바로 걷는 것이다. 걸어야 젊어진다. 걸어야 날씬해진다. 한자의 '보'步를 뜯어보면 그칠 지止와 젊을 소少로 되어 있다. 그치면 젊어진다는 것이다. 차타는 것을 그만하고, 먹는 것도 그만 하고 대신 걸으라는 의미가 담겨 있다.

마사이족은 하루에 3만 보 정도를 걷는다(한국 성인은 많아야 5천 보 정도다). 이렇게 많이 걷지만 피로감을 전혀 느낄 수 없단다. 매일 걸으면서 허리 근육이 단단해졌기 때문이다. 무게중심도 발

뒤꿈치, 발 외측, 새끼발가락 부근, 엄지발가락 순으로 움직인다. 이들은 채소는 거의 먹지 않고 '우가리'라는 전통음식을 주로 먹는다. 우유와 잡곡을 섞어 걸쭉하게 끓인 것이다. 그럼에도 불구하고 콜레스테롤 수치가 보통 사람의 3분의 1 수준이다. 바로 걷기 때문이다. 걷기는 생존을 위한 기본 조건이다.

《걸으면 살고 누우면 죽는다》라는 책을 재미있게 읽은 기억이 있다. 자세한 내용은 기억나지 않지만 아프다고 자꾸 눕지 말고, 그럴수록 자꾸 걸으라는 것이다. 모든 사람에게 해당되는 말이다. 자주 많이 걸으면 건강해지고, 걷지 않고 차만 타고 오래 앉아 있으면 건강하지 않다. 재론의 여지가 없다. 그런 면에서 겨울은 노인에게 위험한 계절이다. 춥기 때문에 집안에 있는 시간이 길다. 잘못 나갔다 미끄러져 넘어지기 쉽다. 넘어져 골반을 다치거나 걷지 못하면 근육이 약해지고 각종 기관들이 제 역할을 못하면서 병에 걸리거나 죽음에 이른다. 그래서 나온 말이 "인간은 골반에서 나서 골반으로 죽는다"는 말이다. 일리가 있다. 살아 숨쉰다는 것은 곧 걷는 것을 의미한다. 걷지 못하면 그만큼 생명이 단축된다. 그런 면에서 인간의 걸음을 대신하는 차, 엘리베이터, 에스컬레이터는 편리하긴 하지만 인간 수명을 단축시키는 문명의 이기다.

걷기는 건강 이상의 의미가 있다. 걸으면 기분이 좋아진다. 스트레스가 줄고 여유가 생기고 머리회전이 빨라진다. 걸으면서 대화를 하면 대화가 잘 풀린다. 마음의 평온이 찾아온다. 걸으면 고민이 해결된다. 너무 많은 생각은 건강의 적이다. 우리는 사실 고민할 필요가 없는 일로 너무 많은 고민을 한다. 해결될 일은 고민하지 않아도 해결되고, 해결되지 않을 일은 고민해도 해결되지 않는다. 고민은 뭔가를 하는 것 같지만 사실은 아무것도 하지 않는 것이다. 몸만 상하게 한다. 고민하는 대신 걸으면 훨씬 많은 것을 얻을 수 있다.

철학자들은 걷는 사람들이다. 칸트는 매일 규칙적으로 산책을 나갔다. 아리스토텔레스도 그랬다. 그래서 소요학파逍遙學派라고 부른다. 일본의 철학자 니시타 기타로도 걸으면서 산책을 했다. 교토의 긴카쿠지 근처에 '철학자의 길'이 있는데 바로 그가 걸었던 곳이다. 에디슨도 걸으면서 아이디어를 얻었다. 베토벤도 독일의 하일리겐슈타트라는 시골 마을에 머물 때 매일 야산을 산책하며 지냈다. 몽테뉴는 "꼭 산책할 장소가 있어야 한다. 앉아 있으면 사유는 잠들어 버린다. 다리가 흔들어 놓지 않으면 정신은 움직이지 않는다"라고 말했다.

걷기의 중요성은 아무리 강조해도 지나치지 않는다. 걷기는 단순히 건강을 위한 수단을 넘어선다. 걷기는 살아 있음을 상징한다. 걷는다는 것은 살아 있음을 증명하는 일이다. 걷지 않는다는 것은 삶에 한계를 지우는 일이다. 걷는다는 것은 생각한다는 것이고, 걷지 않는다는 것은 생각하지 않는다는 것이다. 우리는 살기 위해 걷는 것이 아니라, 걷기 위해 살고 있는지도 모른다.

"명상을 하면 지혜로워질 수 있다.
지식은 밖에서 오지만 지혜는 안에서 자란다.
안으로 마음의 흐름을 살피는 일, 이것을 일과 삼아 해야 한다.
모든 것이 최초의 한 생각에서 싹튼다. 이 최초의 한 생각을 지켜보는 것이 바로 명상이다.
명상은 안으로 충만해지는 일이다.
안으로 충만해지려면 맑고 투명한 자신의 내면을 무심히 들여다보는 습관을 들여야 한다.
명상은 본래의 자기로 돌아가는 훈련이다."
_ 법정 스님

"걷는 것은 자신을 세계로 열어 놓는 것이다. 발로, 다리로, 몸으로 걸으면서 인간은 자신의 실존에 대한 행복한 감정을 되찾는다. 발로 걷는 인간은 모든 감각기관의 모공을 활짝 열어주는 능동적 형식의 명상으로 빠져든다. 그 명상에서 돌아올 때면 가끔 사람이 달라져서 당장의 삶을 지배하는 다급한 일에 매달리기보다는 시간을 그윽하게 즐기는 경향을 보인다." 《걷기예찬》에 나온 말이다. 걸으면 살고 누우면 죽는다.

안으로
충만해지는
일

우선순위를 보면 그 사회가 보인다. 어느 것에 높은 가치를 두는 지 알 수 있다. 우리는 사농공상士農工商의 사회였다. 선비가 우선, 다음은 농사, 마지막은 상인이란 말이다. 배운 사람을 중시하고 장사하는 사람을 우습게 보았다. 지덕체智德體란 말도 그렇다. 아는 게 가장 중요하고, 체력이 꼴찌다. 정말 잘못된 순서다.

지금 학교교육이 망가진 주된 이유 중 하나는 체력을 우습게 봤기 때문이다. 입시에서 체력장을 없앤 건 최대 실수다. 체력장이 없어지면서 체육시간이 대폭 줄거나 없어졌다. 학생들은 뛰지 않고 매달리지 않고 던지거나 당기지 않는다. 그저 앉아 공부하는 기계가 됐다. 운동하는 즐거움, 땀이 주는 기쁨을 알지 못한다.

지식이 그렇게 대단한가? 몸이 그렇게 우스운가? 무식하지만 튼튼한 사람과 골골하지만 엄청 아는 게 많은 사람이 있다면 어떤 존재가 되고 싶은가? 아니 질문 자체가 잘못이다. 골골한 몸으로 제대로 공부하기는 쉽지 않다. 공부하느라 건강을 해쳤다면 그 역시 지혜로운 사람이 아니다. 그런 면에서 당연히 체體가 먼저다. 하나고등학교는 이를 바로 잡아 성공한 학교다. 그 학교는 체를 가장 우선으로 한다.

의식주도 그렇다. 옷을 뜻하는 의衣가 제일 앞에 있는 게 마음에 들지 않는다. 먹는 식食이 앞으로 와야 한다. 그런데 먹는 것보다 더 중요한 게 있다. 바로 호흡이다. 음식 없이는 10일 이상 살 수 있지만 물 없이는 며칠 이상 버틸 수 없다. 하지만 공기는 그렇지 않다. 몇 분만 숨을 못 쉬어도 죽는다. 그런 면에서 인간에게 가장 중요한 것은 호흡이다.

건강을 위해서는 호흡에 관심을 가져야 한다. 건강한 사람은 호흡이 느리고 깊다. 어린아이의 호흡이 그렇다. 늙을수록 호흡이 빨라지고 얕아지다가 마지막 순간에 숨을 헐떡이다 죽게 된다. 여러분의 호흡은 어떤가? 느린 호흡을 위한 최선의 방법은 명상이다. 명상은 눈을 감고 자신의 호흡을 살피는 것이다. 바깥 대신 자기 내면을 살피는 일이다. 선종에서는 이를 회광반조回光返照라고 한다. 빛을 되돌려 거꾸로 자신의 안을 살핀다는 말이다. 종교인들은 명상이 일과다. 그래서 사람들이 맑다. 깡패들은 명상하지 않는다. '명상하는 깡패'란 있을 수가 없다. 만약 깡패가 명상을 한다면 어떤 일이 벌어질까? 깡패 생활을 청산하지 않을까? 명상은 우리를 정화시킨다. 자신을 살피게 한다.

명상을 방해하는 최고의 적은 스마트폰이다. 스마트폰으로 하루 종일 검색을 하는 사람의 호흡과 주기적으로 명상하는 사람의 호흡은 큰 차이가 난다. 명상은 자신을 살피고 자기 목소리를 듣는 시간이다. 명상을 통해 우리는 호흡을 가다듬고 건강을 챙길 수 있다. 명상을 영어로는 '메디테이션'meditation이라 하는데 '약'medicine이란 단어와 그 어원이 같다. 명상이 영혼에 약이 될 수 있다는 말이다.

"명상을 하면 지혜로워질 수 있다. 지식은 밖에서 오지만 지혜는 안에서 자란다. 안으로 마음의 흐름을 살피는 일, 이것을 일과 삼아 해야 한다. 모든 것이 최초의 한 생각에서 싹튼다. 이 최초의 한 생각을 지켜보는 것이 바로 명상이다. 명상은 안으로 충만해지는 일이다. 안으로 충만해지려면 맑고 투명한 자신의 내면을 무심히 들여다보는 습관을 들여야 한다. 명상은 본래의 자기로 돌아가는 훈련이다." 법정 스님의 말씀이다.

자유로움

기업이 갖고 있는 여러 문제점을 알아내고 이를 정리해 주는 것, 미처 생각치 못한 이슈를 제기하고 진단하는 일 등이 컨설팅이다. 내가 하는 일이다. 사람들을 만나 그들의 얘기를 듣는 것이 대부분의 과정을 차지한다. 대충 듣는 것이 아니라 온몸과 마음을 다해 듣는다. "왜 저런 얘기를 할까, 혹시 숨겨진 다른 의도가 있는 것은 아닐까, 그걸 알아내려면 무슨 질문을 던져야 할까……." 이래저래 엄청 많은 에너지가 소모된다. 몇 시간 인터뷰를 하고 나면 몸이 파김치가 된다. 기업인을 상대로 하는 강의 역시 많은 에너지를 필요로 한다. 그런 에너지와 새로운 생각을 보충하는 방법 중 하나는 명상과 기도이다.

여러 종류의 사람을 만나고 다양한 일을 하기 위해 가장 필요한 일은 자신의 마음을 조용히 가라앉히는 것이다. 이런 시간

없이 계속 분주하게 돌아다니면 어떨 때는 내가 무슨 목적으로 이렇게 사는지 모를 때가 있다. 명상은 흙탕물을 가라앉히는 작업과 같다. 흙탕물이 가라앉아야 주변 사물이 환히 비치기 때문이다.

명상은 마음의 평화를 위한 것이다. 명상은 자기 성장을 위해 씨를 뿌리는 것이다. 명상으로 하루를 시작하면 전혀 다른 하루가 된다. 하루 10분 만이라도 조용한 명상 시간을 가지면 흐려졌던 마음이 맑아지고, 시끄러움과 번잡함에 묻혀 들리지 않던 영혼의 목소리를 들을 수 있다. 흔들림, 실수, 챙기지 못함과 그로 인한 당황함, 망각 같은 것으로부터 자유로워질 수 있다.

하루를 명상과 기도로 시작하고 마무리 하는 것은 좋은 습관이다. 새로운 하루에 감사하고, 오늘 할 일과 만날 사람을 생각해 보고 준비할 것이 뭐가 있는지, 깜빡 한 것은 없는지 살펴보고 그들을 위해 기도하는 일은 가치가 있다. 하루를 마무리 하면서 제대로 살았는지, 실수는 없었는지, 내일은 무엇을 할 것인지를 복습하는 일 또한 의미 있는 일이다. 그런 의미에서 기도는 자기 반성이고 생각의 정리이다. 기도는 하루를 여는 아침의 열쇠이고, 하루를 마감하는 저녁의 빗장이다.

기도는 우리의 번민이 무엇인지, 과연 고민할 만한 것인지, 고민해 봐야 소용없는 일인지에 대한 깨달음을 준다. 기도는 우리에게 누군가 나와 함께 있으니 안심하라는 위로를 준다. 무엇보다 기도는 우리를 행동하게 만든다. 그런 기도의 9단은 간디이다. 그의 말이다.

"기도는 내 생명을 구했습니다. 나는 사적으로, 공적으로 비통한 경험을 한 적이 있습니다. 그로 인해 절망의 늪에 빠지기도 했지요. 하지만 기도 덕분에 절망의 늪에서 빠져 나올 수 있었습니다. 기도가 없었다면 미치고 말았을 겁니다. 고통 속을 헤맬 때 나는 저절로 기도하게 됩니다. 기원, 숭배, 기도는 결코 미신적인 행위가 아닙니다. 그것은 먹는 행위, 앉는 행위, 걷는 행위보다 더 현실적입니다. 마음에서 우러나오는 기도는 다른 것으로는 이룰 수 없는 일을 이뤄냅니다."

인생의 묘미는 얼마나 소유했느냐, 어떤 위치에 올랐느냐에 달려 있지 않다. 그보다는 얼마나 많은 것으로부터 자유로운가에 달려 있다. 명상과 기도는 우리에게 자유로움을 준다. 그래서 기도와 명상을 많이 한 사람은 눈빛이 고요하고 형형하여 보는 것만으로도 사람에게 감동을 준다. "기도는 하느님의 마음을 바꾸지는 않는다. 다만 기도하는 자의 마음을 바꿀 뿐이다"라는 키에르케고르의 말은 사실인 듯싶다. 스마트폰은 많은 것을 주었지만 동시에 많은 것을 빼앗아 갔다. 그중 하나는 가만히 있는 시간과 기도하고 명상하는 시간이다. 명상하는 시간을 찾아야 한다.

걷기는 건강 이상의 의미가 있다.
걸으면 기분이 좋아진다. 스트레스가 줄고 여유가 생기고 머리회전이 빨라진다.
마음의 평온이 찾아온다. 고민이 해결된다.
고민은 뭔가를 하는 것 같지만 사실은 아무것도 하지 않는 것과 같다.
고민하는 대신 걸으면 훨씬 많은 것을 얻을 수 있다.

자잘한
즐거움에
눈뜨다

최근 신승훈과 성시경 콘서트를 다녀왔다. 사실 난 그렇게 번잡한 곳을 좋아하지 않는다. 정신이 하나도 없을 뿐더러 늦은 시간까지 구경하는 것도 나와는 맞지 않기 때문이다. 가격도 비싼 편이다. 하지만 딸들 성화에 못 이겨 갔다. 가 보니 대부분 여성들이고 완전 딴 세상이다. 신승훈 콘서트는 나이든 여성들도 제법 있는데 반해 성시경 콘서트는 젊은 여성들이 압도적이다. 커플로 온 사람도 있지만 여자들끼리 온 경우가 많다. 나같이 가족이 같이 오는 경우는 드물었다. 두 공연 다 볼 만했다. 만 명이 넘는 관중을 한 사람이 쥐락펴락한다는 사실이 신기했다. 가수의 일거수일투족에 여성들은 환호했다. 생수를 마실 때조차 소리를 질렀다. 말도 잘하고 재치도 있었다. 둘 다 완벽한 엔터테이너였다. 투자한 돈과 시간이 아깝지 않았다. 어떻게 신은 한 사람에게 저런 능력을 몰아주셨을까 하는 부러움도 들었다.

그런데 한편으론 '저런 엄청난 환호 속에 살던 사람이 나이가 들거나, 인기가 떨어지면 감당할 수 있을까? 저런 최고의 환희를 느끼던 사람이 다른 곳에서 비슷한 기쁨을 느낄 수 있을까?'라는 의구심도 생겼다. 쉽지 않을 것이다. 둘 다 노총각이란 사실도 이해가 됐다. 저렇게 수많은 여성들의 사랑을 받던 사람이 한 여자랑 만나 사는 것은 만만치 않을 것이고, 그래서 아직 결혼을 못하고 있지 않을까 나름대로 해석을 했다.

연예인 중 공황장애를 앓고 있는 사람이 제법 있다고 한다. 잘 나가던 연예인의 도박 혹은 자살 소식도 자주 듣는다. 그렇게 잘 나가는 사람인데 뭐 때문에 공황장애가 올까, 뭐가 부족해 저런 행동을 할까 의아했다. 그러다가 박용철의 《감정은 습관이다》란 책을 보고 조금은 이해할 수 있었다. 메시지는 명확했다.

"감정은 습관이다. 사람들은 좋은 감정보다는 익숙한 감정을 반복하려는 습관을 갖고 있다. 화려한 스타들이 우울증에 쉽게 빠지는 이유 중 하나는 감정습관 때문이다. 그들은 무대 위에서 자극적이고 극도의 쾌감을 맛보는 경험을 한다. 팬들의 환호 속에서 정체성을 발견한다. 하지만 이렇게 자극적이고 극도의 쾌감을 갈구하는 삶은 결국 교감신경을 항진시키고, 우리의 몸과 마음에 긴장감을 유발시켜, 이런 상태가 감정습관으로 굳어지게 한다."

한 마디로 연예인들이 도박이나 술에 쉽게 빠지는 건 큰 쾌락에 익숙해 있기 때문이라는 것이다. 큰 자극에 익숙하기 때문

새벽에 일어 나 눈을 뜨자마자 찻물을 데운다.
뜨거운 차를 작은 잔에 나누어 마시는데 두 잔쯤 마시면 속이 데워지면서 기분이 좋아진다.
머리가 맑아지고 행복이 몰려온다.
차를 마시면 이전과 이후의 차이가 크게 난다.
차를 마시면 안이 따뜻해지는 걸 느낄 수 있다.
그 따스함이 머리까지 전해진다.

에 더 이상 스포트라이트를 받지 못하면 불안하고 우울하고 그로 인해 더 큰 자극을 찾을 수밖에 없다는 것이다.

그렇다면 해법은 무엇일까? 큰 즐거움보다는 자잘한 즐거움을 많이 만들어 큰 스트레스를 풀어야 한다는 것이다. 잘못하면 스트레스를 풀려고 한 행동이 오히려 스트레스를 유발할 수도 있기 때문이다. 그런 면에서 국립생태원의 최재천 원장의 열대연구소 시절 얘기는 염두에 둘 만하다.

"그곳은 정말 낙이 없습니다. 정글에 들어가 샘플 채취하고, 관찰하고, 저녁에 리포트 쓰는 것이 생활의 전부입니다. 잘못하면 심심해 죽습니다. 그래서 그곳 학생들은 자잘한 놀이를 많이 만듭니다. 잡은 개구리를 세워두고 누구 개구리가 멀리 뛰는지 시합을 합니다. 짖는 원숭이howling monkey라고 소리를 크게 지르는 원숭이가 있는데 그 울음소리 흉내 내기 시합도 합니다. 전 2등만 두 번 했습니다. 밤에 다 발가벗고 수영장에 들어가 수구를 하기도 합니다. 처음에는 왜 이 짓을 하는지 잘 몰랐습니다. 지금 생각하면 그런 자잘한 즐거움 덕분에 제정신으로 공부를 할 수 있던 것 같습니다. 자꾸 재미난 놀이를 만들어야 합니다."

미국 유학생 시절 우리들의 큰 고민 중 하나는 너무 심심하다는 것이었다. 도대체 밤에 갈 곳이 없었다. 일만 끝나면 다들 집으로 들어가 가족들과 지냈다. 그래서 "미국은 심심한 천국, 한국은 재미난 지옥"이란 얘기를 했다. 지금 생각하면 그게 정상이다.

뭐든 자극적인 것은 좋지 않다. 음식도 그렇고 생활도 그렇다. 자극적인 데 익숙해지면 더 큰 자극을 찾게 된다. 웬만한 자극으론 성에 차지 않는다. 심심함을 견딜 수 있어야 한다. 심심한 가운데 자잘한 즐거움을 찾아야 한다. 여러분의 생활은 어떤가?

자잘한 즐거움에 눈뜨다

운동은 언제부터 하는 게 가장 좋을까?
답은 '지금 바로'다.
어디가 아파서 못한다고? 왜 아픈 걸까?
운동을 하지 않아서 아플 가능성이 높다.
그럼에도 불구하고 운동을 시작해야 한다.

지금 시작하라

누구나 좋은 걸 경험하면 주변에 얘기를 한다. 할 수밖에 없다. 그런 식으로 입소문이 난다. 나 또한 그러하다. 운동에 재미를 붙이면서 자연스럽게 운동 얘기를 많이 한다.

처음에는 얘기를 안 하려고 했다. 나이 들어 무언가를 떠벌리고 다닌다는 사실이 좀 그랬다. 하지만 사람들이 자꾸 내게 말을 붙인다. "더 젊어진 거 같아요. 얼굴이 작아졌어요. 단단해진 거 같아요. 비결이 뭔가요? 무슨 일이 있었나요?" 라고 묻는다. 초면인 사람에게는 웃어넘긴다. 그들에게 일일이 설명하기는 거추장스럽기 때문이다. 의례적으로 묻는 사람에게는 "제가 요즘 운동에 재미를 붙였습니다"라고 간단하게 얘기한다. 대부분은 거기서 끝이다. 강의를 할 때 내 나이를 알면 놀라는 사람들에게 쓰는 수법이다. 리더십 강의를 온 사람이 건강에 대한 강의를 할 수 없기 때문이다. 어떤 이들은 강의 후 질문 시간에 자꾸 젊게 사는 비법을 얘기해 달라고 주문한다. 참, 난처하다. 나름 있기는 하지만 그렇게 한두 가지 콕 찝어서 말할 비법이 있는 건 아니기 때문이다.

그런데 몸이 좋지 않은 사람, 내 나이 또래에 운동을 하긴 해야겠다고 생각하는 사람은 자꾸 묻는다. "무슨 운동을 하세요? 어디서 하세요?" 나도 모르게 설명을 하다 보면 길어지고 내가 다니는 피트니스센터 얘기를 하게 된다.

처음 온 사람은 모 건설회사의 젊은 여자 대표였다. 작은 모임에서 만나 운동 얘기를 했는데 별 반응을 보이지 않았다. 그런데 등록을 해서 열심히 하고 있는 것이다. 몇 달 지난 후 만났는데 얼굴에 건강함이 넘쳤다. 어떤 차이가 있느냐는 질문에 "최근 일에 시달리면서 몸이 나빠졌어요. 세수를 하다 몸을 세우는데 몇 번에 나누어 일어날 정도였습니다. 그런데 운동을 한 후 한 번에 벌떡 일어날 수 있었어요. 몸이 좋아지면서 자신감이 생기고 일에 의욕도 생기고 애들한테도 친절해집니다. 운동이 너무 좋습니다. 고마워요"라고 얘기한다. 1년쯤 지난 지금은 거의 운동선수 수준이다. 나는 농담으로 철인경기에 나가보라고 권한다. 그녀의 영향으로 또 몇 명이 운동을 시작했다. 딸의 영향으로 칠십이 넘은 그의 아버지까지 다닌다. 요즘 내가 하는 소모임은 전부가 운동하는 사람이 됐다. 참으로 기쁜 일이다.

내 소개로 모 변호사 부부가 운동을 시작하더니 아들과 딸도 같이 한다. 1년 이상 꾸준히 하고 있다. 동창회에서 얘기한 덕에 한의원을 하는 고교 동창도 다닌다. 예전 부하직원도 몇몇 다닌다. 그중 한 명은 새벽 여섯 시에 운동을 하는데 여기까지 한 시간을 걸어온단다. 왜 그렇게 무리해서 운동을 하느냐는 질문에 이런 반응이다. "운동하는 게 재미있어요. 예전엔 몰랐던 거예요." 친구 부인도 다니고 친구 부인이 소개한 또 다른 여성도 다닌다.

설득이 안 되는 사람도 많다. 저 사람은 몇 주만 운동해도 효과를 제대로 볼 수 있을 것 같은데 본인은 요지부동이다. 이유는 많다. 집이 멀고, 시간이 없고, 다른 할 일이 많고 등등. 그래서 늘 언젠가는 하겠다고 얘기하지만 난 믿지 않는다. 그 언젠가는 결코 오지 않을 것이기 때문이다.

운동은 언제부터 하는 게 가장 좋을까? 완벽한 때란 없다. 지금 시작하면 된다. 바로 지금 옷 갈아입고 하면 된다. 어디가 아파서 못한다고? 왜 아픈 걸까? 운동을 하지 않아서 아플 가능성이 높다. 그럼에도 불구하고 운동을 시작해야 한다. 가만히 있으면 몸은 점점 더 나빠진다. 난 오십견이 있을 때 운동을 시작했다. 사실 오십견이 나은 후 하려고 했다. 어깨를 쓸 수 없다는 건 운동에선 치명적이다. 하지만 운동을 시작했고 덕분에 오십견을 고칠 수 있었고 운동에 재미를 느낄 수 있었다. 담배 피우는 사람은 담배를 끊고 운동을 하겠다고 한다. 난 반대다. 일단 운동을 해야 한다. 운동을 하면 자기 몸이 하는 소리를 들을 수 있다. 조금만 뛰어도 헐떡이고, 죽을 것 같고, 가래는 나오고, 몸은 천근만근이다. 이런 것이 몇 번 반복되면 자연스럽게 담배를 끊을 수 있다.

조선시대 임금들의 평균 수명은 대략 46세였다. 그렇게 젊은 나이에 죽는다면 건강에 별 신경을 쓰지 않아도 된다. 하지만 지금 평균수명은 거의 90에 육박한다. 이미 100세 시대가 열린 것이다. 100세 시대를 즐기려면 100세 시대를 즐길 수 있는 몸을 만들어야 한다. 지금부터 몸을 만들어야 한다. 바로 지금 운동을 시작하라.

- 강신장, 황인원, 《감성의 끝에 서라》, 21세기북스, 2014
- 고미숙, 《고미숙의 몸과 인문학》, 북드라망, 2013
- 고미숙, 《나의 운명사용설명서》, 북드라망, 2012
- 고미숙, 《동의보감, 몸과 우주 그리고 삶의 비전을 찾아서》, 북드라망, 2012
- 권오길, 《인체기행》, 지성사, 2010
- 김광호, 《호일침》, 이엘씨미디어, 2007
- 김주환, 《회복탄력성》, 위즈덤하우스, 2011
- 김현정, 《의사는 수술받지 않는다》, 느리게읽기, 2012
- 김홍경, 《내 몸은 내가 고친다》, 식물추장(책만드는), 2001
- 나구모 요시노리, 《1日 1食 1일 1식》, 위즈덤스타일, 2012
- 나구모 요시노리, 《50세가 넘어도 30대로 보이는 생활습관》, 나라원, 2012
- 나덕력, 《뇌미인》, 위즈덤스타일, 2012
- 다비드 르 브르통, 《걷기예찬》, 현대문학, 2002
- 데이비드 B. 아구스, 《질병의 종말》, 청림Life, 2012
- 마야 슈토르히, 쿤터 프랑크, 《휴식능력 마나나》, 동아일보사, 2011
- 마이클 로이젠, 메멧 오즈, 《내 몸 다이어트 설명서》, 김영사, 2008
- 마이클 로이젠, 메멧 오즈, 《내몸 아름답게 만들기》, 김영사, 2010
- 마이클 로이젠, 메멧 오즈, 《내몸 젊게 만들기》, 김영사, 2009

- 무라카미 하루키, 《달리기를 말할 때 내가 하고 싶은 이야기》, 문학사상사, 2009
- 박상대, 《대한민국 명품건강 웰니스 혁명》, 조윤커뮤니케이션, 2009
- 박수희, 《몸이 변하면 인생이 변한다》, 마로니에북스, 2012
- 박용철, 《감정은 습관이다》, 추수밭, 2013
- 박정훈, 《잘먹고 잘사는 법》, 김영사, 2002
- 방기호, 《남자의 밥상》, 위즈덤하우스, 2013
- 베르나르 올리비에, 《나는 걷는다 1, 2, 3》, 효형출판, 2003
- 사이토 다카시, 《30분 산책기술》, 21세기북스, 2011
- 생활지압연구회, 《신통한 마사지》, 꿈동산, 2011
- 샤오훙츠, 《박타 건강법》, 올림, 2013
- 서울대 체력과학노화연구소, 《장수의 비밀》, 조선일보사, 2003
- 서울대학교암병원 암건강증진센터, 《암 치료 후, 건강관리 가이드》, 비타북스, 2013
- 성기홍, 《걷기혁명 530》, 한국경제신문사, 2004
- 신병철, 《리츄얼》, 살림Biz, 2012
- 신야 히로미, 《병 안 걸리고 사는 법》, 이아소, 2006
- 신재원, 이진한, 《병원이 당신에게 알려주지 않는 진실》, 리더스북, 2012
- 싸이먼, 《트레이너 싸이먼의 9주 바디플랜》, 삼호미디어, 2012
- 쓰지 신이치, 《슬로라이프》, 디자인하우스, 2005
- 아담 캠벨, 《맨즈헬스 빅북》, 싸이프레스, 2010
- 알레한드로 융거, 《클린》, 쌤앤파커스, 2010
- 야마무라 신이치로, 《얼굴을 보면 병이 보인다》, 쌤앤파커스, 2008
- 오마에 겐이치, 《OFF학 잘노는 사람이 성공한다》, 에버리치홀딩스, 2009
- 오상우, 《대사증후군》, 청림Life, 2012
- 울리히 렌츠, 《아름다움의 과학》, 프로네시스, 2008
- 울리히 슈나벨, 《휴식 : 행복의 중심》, 걷는나무, 2011
- 유재경, 《그만둬도 괜찮아》, 북포스, 2013
- 유태우, 《내 몸 개혁 6개월 프로젝트》, 김영사, 2005
- 유태종, 《건강박사 유태종의 9988 건강습관》, 리스컴, 2012
- 이기원, 《운동 미니멀리즘》, 올림, 2013
- 이동환, 《만성피로 극복프로젝트》, 대림북스, 2013
- 이시형, 《이시형처럼 살아라》, 비타북스, 2012
- 이진원, 《한국의 이튼스쿨을 꿈꾸는 하나고 이야기》, 북오션, 2013
- 이춘성, 《독수리의 눈, 사자의 마음, 그리고 여자의 손》, 쌤앤파커스, 2012

- 제임스 캠벨, 《CEO 건강경영》, 미래의창, 2005
- 조성태, 《생긴대로 병이 온다》, 명상, 1998
- 조용선, 《최강 동안 조영선의 베이근 트레이닝》, 북스토리, 2013
- 조지 쉬언, 《달리기와 존재하기》, 한문화, 2003
- 존 레이티, 에릭 헤이거먼, 《운동화 신은 뇌》, 북섬, 2009
- 존 로빈스, 《존 로빈스의 음식혁명》, 시공사, 2011
- 주디스 호스트먼, 《나의 두뇌가 보내는 하루》, 쌤앤파커스, 2010
- 짐 로허, 토니 슈워츠, 《몸과 영혼의 에너지발전소》, 한언, 2004
- 케이티 앨버드, 《당신의 차와 이혼하라》, 돌베개, 2004
- 클로테르 라파이유, 《컬처코드》, 리더스북, 2007
- 토니 슈워츠, 《무엇이 우리의 성과를 방해하는가》, 리더스북, 2011
- 티모시 페리스, 《포아워바디 Thd 4-Hour BODY》, 갤리온, 2012
- 페터 슈포르크, 《인간은 유전자를 어떻게 조종할 수 있을까》, 갈매나무, 2013
- 프레데릭 데라비에, 《NEW 근육운동가이드》, 삼호미디어, 2006
- 프레데릭 살드만, 《내 몸 대청소》, 김영사, 2009
- 하루야마 시게오, 《뇌내혁명 1, 2, 3》, 사람과책, 2002
- 하우석, 《걷는 인간, 죽어도 안 걷는 인간》, 거름, 2004
- 홍혜걸, 《의사들이 말해주지 않는 건강이야기》, 비온뒤, 2012
- 후쿠오카 켄세이, 《즐거운 불편》, 달팽이, 2012
- D. T. 맥스, 《살인단백질 이야기》, 김영사, 2008
- KBS 생로병사의 비밀 제작팀 글/홍혜걸 편, 《책으로 보는 KBS 생로병사의 비밀》, 가치창조, 2004
- KBS 생로병사의 비밀 제작팀, 《한국인 100세 건강의 비밀》, 비타북스, 2011
- KBS 생로병사의 비밀 제작팀, 《한국인 무병장수 밥상의 비밀》, 비타북스, 2011

초판 1쇄 발행 2014년 5월 26일
초판 23쇄 발행 2026년 3월 30일

지은이 한근태
펴낸이 성의현
펴낸곳 미래의창

등록 제2019-000291호
주소 서울시 마포구 잔다리로 62-1 미래의창빌딩(서교동 376-15, 5층)
전화 070-8693-1719 **팩스** 0507-0301-1585
홈페이지 www.miraebook.co.kr
ISBN 979-11-24073-22-3 03320

※ 책값은 뒤표지에 표기되어 있습니다.

생각이 글이 되고, 글이 책이 되는 놀라운 경험. 미래의창과 함께라면 가능합니다.
책을 통해 여러분의 생각과 아이디어를 더 많은 사람들과 공유하시기 바랍니다.
투고메일 togo@miraebook.co.kr (홈페이지와 블로그에서 양식을 다운로드하세요)
제휴 및 기타 문의 ask@miraebook.co.kr